La Lorraine

TEXTE et PHOTOGRAPHIES **Bruno Barbier**

Editions OUEST-FRANCE

SOMMAIRE

L'empire du milieu 7

Sur les chemins de la nature 13

Les riches heures de Stanislas le Magnifique 21

Les quatre capitales 35

Sur la trace des grands hommes 51

Les hauts lieux de la foi 63

A la source des eaux vives 77

Champs de bataille de la Grande Guerre 85

Forteresses de Vauban à Maginot 95

Métiers d'artistes 101

La reine mirabelle 109

L'âge d'or de la bière 112

La route du vin 114

Au plaisir du palais 116

Petits plats des grandes tables 119

Renseignements pratiques 122

Bibliographie 125

Informations culturelles et pratiques 126

L'empire du milieu

La Lorraine, qui est la seule région française limitrophe de trois pays, n'est curieusement protégée par aucune frontière naturelle, si ce n'est « la ligne bleue des Vosges ». Les géographes consentent à lui reconnaître une personnalité en rappelant que le plateau lorrain envoie ses cours d'eau vers le nord et que ce pays ruisselant est aussi le château d'eau de la France : la Saône commence dans les Vosges, l'Ornain et la Saulx naissent en Meuse avant de se jeter dans la Marne, l'Aisne prend sa source dans le

LES DRAPEAUX LORRAINS

Duché de Bar

Pays Messin

Pays de Salm

Comté de Vaudemont

La Mothe

Bannière de ralliement (1477)

LE PARTAGE DE VERDUN : 843

Page de gauche :
Au printemps, le hameau de Praye s'épanouit au milieu des mirabelliers en fleur. C'est l'un des vingt-sept villages du plateau lorrain semés dans la plaine de Sion.

Les thermes font encore apparaître l'ingénieux système de fonctionnement de chauffage par le sol inventé par les Romains.

Les Romains lorrains

Si le parc archéologique de Bliesbruck, situé exactement de part et d'autre de la frontière franco-allemande, témoigne d'une histoire vieille de six mille ans, c'est avant tout une ville gallo-romaine que découvrent lentement les fouilles. Avec son réseau de rues et de ruelles, ses quartiers artisanaux, ses boutiques, ses thermes dotés d'un remarquable chauffage par hypocauste. Ainsi, les archéologues ont mis au jour de nombreux objets : vases, amphores, cruches en bronze, céramiques sigillées, pièces de monnaies portant l'effigie de César, masques de scène, etc. Plus ancienne — quatre cents ans avant J.-C. — la tombe de l'énigmatique princesse de Reinheim découverte sur l'emplacement de tumulus celtiques, a livré un miroir en bronze et une quantité impressionnante d'objets et de bijoux d'une rare beauté. Les Romains avaient édifié à Grand un sanctuaire dédié à Apollon sur les lieux où les Gaulois adoraient le dieu guérisseur Grannus. Des remparts, des thermes avec une quinzaine de kilomètres de canalisations souterraines, un amphithéâtre semi-circulaire pour accueillir dix-sept mille personnes et une mosaïque de 224 mètres carrés. Elle pavait la partie centrale d'un édifice civil réservé à l'administration. Des textes antiques témoignent du passage de pèlerins célèbres : l'empereur Caracalla, venu vers 213 après J.-C., pour guérir « son corps et son âme » et Constantin en quête de « trente années de bonheur ».

Parmi les pièces du trésor de Bliesbruck-Reinheim, ce masque de théâtre en terre cuite.

massif de l'Argonne. On comprend mieux que cette position exceptionnelle entre Méditerranée et pays du Nord allait engendrer toutes les convoitises antiques — les Celtes, les légions de César, les Huns, les Francs —, les invasions téméraires, les souverainetés éphémères, les heures brillantes et les temps sombres.

La règle de trois

Le drame des personnages illustres est d'être trop grands. Leur empire, taillé sur mesure, ne leur survit pas. Très vite, l'immense royaume de Charlemagne est découpé en tranches par ses trois petits-fils. Lothaire, qui a hérité de « l'empire du milieu », partage de nouveau en trois son domaine. Lothaire II reçoit la Lotharingie, l'appellation antique de la Lorraine, qu'il va encore scinder en deux : la Basse-Lorraine, composée du pays liégeois et du Brabant, et la Haute-Lorraine avec les Vosges, une partie des Flandres, les pays de Metz et de Toul. C'est le début de découpages sans fin, de frontières incertaines, de rattachements, d'éman-

Tentures des Victoires de Charles V, « Prise de Bude », 1703, Musée Historique Lorrain, Nancy.

LES DRAPEAUX LORRAINS

Guidon à la croix de Jérusalem

Guidon de l'Avant-Garde

Bannière de saint Nicolas

Etendard de Charles IV

Le grand étendard des duchés (dès 1473)

cipations et de traités dont le détail donne le vertige. L'époque des saints, des artistes et des soldats. Le temps des châteaux forts que les uns construisent et que d'autres rasent.

La Lorraine se partage au son du canon. Le 20 septembre 1633, Louis XIII occupe Nancy après en avoir engagé un siège éprouvant. Il contraint Charles IV, duc de Lorraine, à lui remettre la ville. Prétexte : une calamiteuse affaire de famille. Monsieur (frère du roi) s'est marié avec la princesse Marguerite sans le consentement du souverain. Les ducs de Nancy attendront 1697 — date du traité de Ryswick — pour rentrer dans leur ville. Avant d'abandonner définitivement leur couronne à Stanislas et à la France.

EDITION LECOMTE, LIBRAI

Charles de Habsbourg, duc de Lorraine

Le dernier duc souverain de Lorraine fut Stanislas Leszczynski à qui Louis XV avait offert le duché de François III. Pour consoler le gendre de l'empereur d'Autriche, on lui offrit en compensation le duché de Toscane. L'histoire de l'Autriche et de la Lorraine étant scellée par le mariage en 1736 de Marie-Thérèse d'Autriche et de François, la dynastie des Habsbourg-Lorraine peut toujours revendiquer les titres de ducs de Bar et de Lorraine. Aujourd'hui, l'héritier des Habsbourg est Charles d'Autriche, né en 1961, petit-fils de l'éphémère empereur Charles Ier et de Zita de Bourbon-Parme. Il est titré Prince Impérial et Archiduc d'Autriche, Prince Royal de Hongrie et de Bohême, chef souverain de la branche autrichienne de l'ordre de la Toison d'Or. C'est aussi le fils aîné de l'archiduc Otto (1912-2011) ancien député au parlement européen. La famille de Habsbourg reste très attachée à la Lorraine. Le Prince se rend notamment à Nancy à l'occasion de la messe à la mémoire des ducs de Lorraine célébrée chaque année dans la chapelle des Cordeliers.

Pays du fer et des « gueules noires »

L'histoire a finalement réuni ce monde éclaté mais, en même temps, elle a enterré les particularismes. Beaucoup de provinces françaises ont connu des tumultes tragiques, mais ici, la mémoire reste vive. Pendant près d'un siècle qui s'est étrangement entiché de la Belle Epoque, la Lorraine fut au centre d'un drame antique jalonné par la fureur des armes et le calvaire des déracinés. Prenons l'exemple d'un Lorrain de Moselle né en 1865 : il était français par l'état civil ; en 1871, il devient allemand ; de nouveau français après la Grande Guerre, puis allemand en 1940 et français en 1945.

Dans les temps récents, le pays du fer et des « gueules noires » a encore subi de plein fouet les épreuves

© musée Lorrain, Nancy. Ph. P. Mignot.

Arrestation de Louis XVI à la lueur des torches. Les hussards fidèles au roi arriveront trop tard. Gravure d'Hippolyte Bellangé.

Moustier qui a fait le voyage aux côtés du cocher raconte : « Le roi, afin d'éviter toute espèce de retard dans son voyage, avait fait placer dans la voiture, du pain, du vin, un morceau de veau froid qu'ils mangèrent en voyageant, sans assiettes ni fourchettes, sur le pain. Une bouteille de champagne non mousseux et six bouteilles d'eau furent leur seule boisson. Le voyage s'est fait sans halte, ni repos. » En fait, la berline du roi a été reconnue dès le hameau de Chaintrix et les rues de Châlons. Mais, à Sainte-Menehould, le maître de poste Drouet donne l'alarme et va faire barricader le pont de l'Aire à Varennes. La voiture du roi est entourée de gardes nationaux. Louis XVI reconnaît : « Oui, je suis votre roi. » On s'embrasse. Tout le monde est très ému. L'aimable Sauce, procureur de Varennes-en-Argonne, propose sa maison pour passer la nuit.

« Oui, je suis votre roi »

Fin 1790, le roi avait dit : « J'aimerais mieux être roi de Metz que roi de France dans ces conditions. ». Le souverain malmené avait pensé — sur le conseil de Mirabeau — se protéger dans une forteresse commandée par Bouillé. On a d'abord pensé à Montmédy, puis le choix s'est porté sur Metz. Personne ne croit plus aujourd'hui à la thèse simpliste du docteur Cabanes publiée en 1895 et qui attribuait l'échec de la fuite de Varennes à « un déjeuner très copieux de près de trois heures » chez M. de Chamilly, son premier valet à Etoges. « Louis XVI ne voulait remonter en voiture que l'estomac bien garni, explique le bon docteur. Cet arrêt lui fut fatal. Quand il entra à Varennes, les troupes venues au-devant de lui étaient reparties et le roi, reconnu, fut arrêté et gardé à vue, ô ironie du sort, chez le citoyen Sauce, un nom prédestiné. »

Varennes, le...................
Place du Marché (Côté Est)

Sur le fronton de la poste, le nom évocateur d'une fuite ratée.

Seule la tour Louis-XVI résistera aux bombardements de la Seconde Guerre mondiale.

modernes avant de relever les grands défis du millénaire.

En pensant sans doute à la Suisse, on a prétendu que les peuples heureux n'ont pas d'histoire. Celle de la Lorraine, si étonnamment riche et mouvementée, explique sans doute les tourments de son âme. Elle rend singulièrement attachante cette province dont la beauté méfiante reste à découvrir.

Demain, le roi pourra repartir. Les hussards de Choiseul et de Damas arrivent enfin et proposent au roi de dégager la route à coups de sabre. Confiant, le roi refuse. On connaît la suite.

Madame Elizabeth, sœur du roi Louis XVI, arrêtée avec lui, le 21 juin 1791.

La croix de Lorraine : de Louis Ier à Charles de Gaulle

La croix de Lorraine à double traverse ou « croix de Jérusalem » (la barre supérieure représente l'écriteau INRI) trouve son origine dans une lointaine tradition hongroise. Vénérée par la Maison d'Anjou, on la retrouve brodée sur la bannière de Louis Ier, alors qu'il était roi de Hongrie, puis dans les armoiries des ducs d'Anjou devenus ducs de Lorraine en 1473 (René II est le fils de Yolande d'Anjou). La croix apparaît en France pendant la Ligue comme signe de ralliement des Guise. Au moment de l'annexion de 1871,

La croix de compagnon de la Libération a été la plus haute distinction de la France libre.

elle exprime le refus de l'oppression. On fixe sur le mur d'une chapelle de Notre-Dame de Sion, une croix de Lorraine brisée avec la mention « Ce n'a me po tojo » (ce n'est pas pour toujours). Après la victoire de 1918, Maurice Barrès vient masquer la fracture de la croix avec une palme d'or. En 1946, le général de Lattre de Tassigny remet une croix portant la

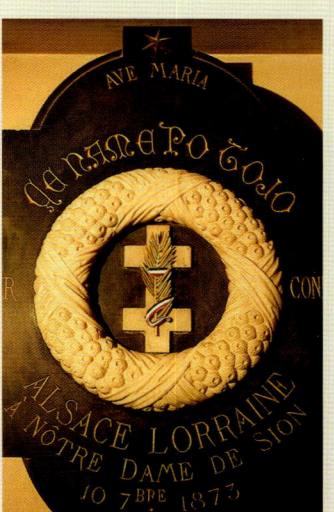

La croix de Lorraine de Notre-Dame-de-Sion.

mention : « Estour inc po tojo » (Et maintenant, c'est pour toujours). En juin 1940, la croix de Lorraine figure sur le fanion du général Bougrain, commandant une division de chars (la 2e DLM) qui s'est illustrée en Belgique dans la bataille de Gembloux. En juillet 1940, le vice-amiral Muselier, Lorrain d'origine, l'adopte pour les Forces navales libres, puis le général de Gaulle en fait l'emblème de la France Libre pour lutter contre la croix gammée. Ainsi, la croix de Lorraine sera, pendant quatre ans, le symbole de la Résistance. Elle figure sur tous les documents officiels, timbres, monuments, décorations (ordre de la Libération, médaille de la Résistance). Enfin, les différents partis gaullistes qui se succèdent dans la vie politique française depuis la guerre (RPF, UNR, UDR, RPR) l'accaparent définitivement.

Sur les chemins de la nature

La Lorraine ne manque pas de rappeler qu'elle est la seule région française à compter trois parcs régionaux. C'est dire l'effort qui a été fait pour protéger d'immenses territoires — plus de 600 000 hecta- res — des mauvais traitements et de l'indifférence. Pénétrer la nature dans tous ses états par les sentiers secrets, les forêts profon- des et les vallées oubliées apaise l'âme et réchauffe le corps.

BELGIQUE
LUXEMBOURG
ALLEMAGNE
ARDENNES
08
HAUTS-DE-MEUSE
WOËVRE
Moselle
Thionville
Forbach
Verdun
Étang de Lachaussée
METZ
Scy-Chazelles
Sarreguemines
57
MOSELLE
PARC DES VOSGES DU NORD
LORRAINE
55
MEUSE
PLATEAU DU BARROIS
PARC DE LORRAINE
Lac de Madine
Château-Salins
Mittersheim
Étang du Lindre
Parc Animalier de Ste-Croix-en-Moselle
Bar-le-Duc
Commercy
NANCY
PARC DE LORRAINE
Sarrebourg
Lutzelbourg
Plan Incliné de St-Louis-Arzviller
Hesse
983
Grossmann
Ligny-en-Barrois
Toul
Lagarde
Lunéville
MEURTHE-ET-MOSELLE
54
Roc de Tauirupt
728
Lac de la Pierre-Percée
67
BAS-RHIN
HAUTE-MARNE
52
Neufchâteau
St-Dié
Col du Bonhomme 949
88
VOSGES
Épinal
Col de la Schlucht 1258
68
Le Hohnek 1362
Lac de Gérardmer
HAUT-RHIN
PARC DES
Fontenoy-le-Château
BALLONS DES VOSGES
Ballon de Servance 1216
Ballon d'Alsace 1247

Parc naturel régional
Voie navigable
Port fluvial
Curiosité remarquable
0   20 km

Village de Bussang, région
de la Bresse.

Le Parc Naturel Régional de Lorraine

Situé de part et d'autre de la Moselle, le parc s'est organisé autour de ses milieux naturels. Dans la partie occidentale : les vallées alluviales de la Meuse et de la Moselle ; les côtes de Meuse, plantées de vignes et de vergers, conservent des biotopes riches et variés (vallons froids,

pelouses calcaires, vastes massifs forestiers) ; la plaine de la Woëvre, une zone humide richement dotée de reptiles, d'insectes et d'oiseaux. A l'est, l'espace qui s'étend de Château-Salins à Sarrebourg abrite le pays des étangs et le pays du sel.

Avec plus de 1 500 kilomètres de sentiers balisés pour la marche à pied ou les promenades équestres, le parc offre une grande diversité de randonnées découvertes. Quelques exemples : la petite Linote, une balade de trois heures (9 kilomètres) au cœur du vignoble toulois ; la forêt de la Pitancerie au départ de Saint Mihiel (5 heures, 15 kilomètres) ; les aîtres médiévaux, une promenade naturelle et historique autour des villages en aval de la vallée du Rupt-de-Mad (6 heures, 17 kilomètres) ; au pays du sel, une longue marche de 20 kilomètres avec la visite de Château-Salins, Vic-sur-Seille, les Salines royales et l'étang des Essarts.

Sur l'ensemble de ce territoire, on a aménagé d'agréables petits musées — les Maisons du Parc — qui favorisent l'approche d'un patrimoine particulièrement varié : le sel à Marsal, l'art et l'histoire à Vic-sur-Seille et à Gorze, les arts et traditions à Lucey et à Honnonville-sous-les-Côtes, l'archéologie à Tarquimpol.

Le Parc naturel régional des Ballons des Vosges

A l'ère tertiaire, les Vosges et la forêt ont littéralement explosé dans le fracas d'un cataclysme inhumain sous la poussée des Alpes et du Jura. Résultat : la naissance de la plaine d'Alsace et du sillon rhénan. Toute remodelée, la géographie fait apparaître aujourd'hui, les hautes Vosges granitiques et ses « ballons » au sud, les Vosges dites « gréseuses » au nord. De ce chaos de la Préhistoire est né un paysage d'une étonnante variété qui mêle les grandes forêts de pins et d'épicéas, les lacs, les plateaux, les collines calcaires et les prairies humides.

Sur 300 000 hectares et cent quatre-vingt-dix communes, les Ballons des Vosges, à cheval sur trois régions (la Lorraine, l'Alsace et la Franche-Comté), déploient une grande

richesse écologique : cirques glaciaires, tourbières, hautes chaumes, forêts primaires. Le parc a sélectionné quatorze randonnées (accompagnées ou non) pour partir à la découverte des paysages, de la nature et des gens. A pied, à travers le plateau des Mille Etangs, sur les pas des marcaires (les fermiers d'altitude qui vivent au rythme des transhumances). Ou encore, cinq jours de cheval au cœur des Vosges saônoises et un parcours

L'été, le lac de Gerardmer offre ses eaux calmes aux jeux aquatiques. C'est le plus grand lac naturel de Lorraine.

A gauche :
Entre la Moselle et les collines boisées, les villages du pays messin ont choisi les meilleures terres de culture.

Plantes des tourbières et des mares salées

Les gisements de tourbes qui tapissent les cuvettes humides du pays de Bitche accueillent une flore gracieuse, un véritable jardin botanique où s'épanouissent l'incontournable droséra, une gentille plante carnivore, des nénuphars blancs, le lycopode inondé, la linaigrette à feuille étroite, le trèfle d'eau ou le potamot à feuille de renoué.
Quant à l'aster, la scirpe maritime et la salicorne (cette plante herbacée sert de condiment raffiné), on les trouve dans les fonds chargés de sel du pays du Saulnois, le long de la vallée de la Seille, entre Dieuze et Vic-sur-Seille.

A la lisière des Vosges du Nord, les dernières grandes plaines agricoles de la Lorraine.

Le Parc naturel régional des Vosges du Nord

Mêmes paysages de forêts majestueuses, de tourbières et de pinèdes dans ce parc du nord de la Lorraine qui partage ses 120 000 hectares avec l'Alsace. Ils se poursuivent avec la même intensité côté allemand dans le Naturpark Pfälzerwald. Les deux parcs — français et allemand — constituent une réserve de biosphère reconnue par l'UNESCO. Outre le sentier de la tourbière à l'étang de Hanau ou le sentier botanique du Loosthal à la Petite-Pierre, les Vosges du Nord recèlent les ruines d'étonnants châteaux forts et de charmants lieux magiques comme la pierre des Douze Apôtres, le château du Wasigenstein et la maison des Païens.

Le parc organise de nombreuses visites thématiques — histoire naturelle des tourbières, promenades nocturnes, rencontre des forestiers, identification des champignons et des plantes médicinales, randonnée sur le sentier de passe-frontière, maisons d'arts populaires — qui offrent un agréable dépaysement.

en vélo à la découverte du massif du lac Blanc et de la vallée de Kaysersberg. En hiver, on pourra suivre en raquettes le grand tour de la vallée de Munster ou le chemin que parcouraient les contrebandiers dans les forêts vosgiennes.

Le plan incliné de Saint-Louis-Arzviller

Depuis toujours l'échelle d'écluses d'Arzviller constituait un goulot d'étranglement pour écouler le trafic du canal de la Marne au Rhin (percé en 1838) entre Nancy et Strasbourg. D'où l'idée de construire un gigantesque plan incliné pour supprimer ce point noir et faire gagner un temps précieux aux bateliers et à la plaisance, en économisant le passage de dix-sept écluses. Cette réalisation pharaonique entreprise en 1964 et mise en service en 1969 a nécessité plus d'un million de mètres cubes de terrassements et cinquante millions de mètres cubes de béton armé. Sur le plan technique, c'est une performance sans précédent : l'élévateur qui est constitué par un bac de neuf cents tonnes (41,5 mètres x 5,5 mètres), circule sur des vois inclinées à 41 % sur lesquelles il s'appuie par 32 galets et 8 boggies.

Cette « baignoire » géante monte une pente à 41 % en quelques minutes. Elle évite la longue attente et le passage de dix-sept écluses.

Les ingénieurs n'ont rien laissé au hasard pour assurer une sécurité absolue : deux contrepoids circulent de part et d'autre de la poutre de guidage et deux moteurs électriques de 120 chevaux assurent le déplacement du chariot bac à 0,60 mètre par seconde. Le temps de parcours sur la rampe est de 4 minutes, si bien que la durée totale de franchissement, y compris l'entrée et la sortie de la péniche, est d'environ 25 minutes, soit le temps nécessaire pour franchir une seule écluse. Le plan incliné de Saint-Louis-Arzviller constitue non seulement un outil efficace pour resserrer les liens entre l'est de la France, Paris et la mer, mais aussi un site touristique très recherché.

Comme de longs fleuves tranquilles, les canaux de la Lorraine traversent des campagnes assoupies.
Ici, la branche nord du canal de l'Est au niveau de Regneville.

Vie sauvage

Les parcs de Lorraine pratiquent une politique active de protection des espèces menacées. Il est possible, avec beaucoup de patience, de surprendre, à l'orée des Vosges, les cerfs de la forêt de Saint-Quirin ou d'observer au petit matin sur les crêtes qui dominent la Bresse, les petites hordes de chamois qui vivent dans le massif du Hohneck. Ou encore le blaireau, le sanglier, et le chat sauvage, au pelage gris rayé, si discret en lisières des forêts de feuillus. On retrouvera toutes
sortes d'oiseaux dans la Woëvre, paradis des martins-pêcheurs, des foulques noires, des grèbes huppés, des hérons cendrés et des bécasses. Le busard cendré, qui revient d'Afrique à la mi-avril, est encore très présent en Lorraine. Il niche dans les champs de céréales et se remarque par ses vols acrobatiques au cours desquels il lâche sa proie à sa femelle. Le milan royal préfère les bocages et les régions d'étangs et l'autour des palombes, un bel oiseau de la famille des éperviers, fait son nid dans les arbres des grands massifs. Le parc animalier de Sainte-Croix-en-Moselle propose sur une centaine d'hectares l'observation d'espèces sauvages : lynx, sangliers, loups, cerfs, chats sauvages, daims, mouflons, etc.

Martin-pêcheur.

Ph. A. Mauxion.

17

Le pays de l'eau reine

La Lorraine est quadrillée par un formidable réseau de fleuves, rivières, canaux et lacs. Plus de sept cents kilomètres de voies navigables, des centaines d'étangs. Ainsi, il est possible de visiter toute la région (ou presque) en empruntant les chemins de l'eau, au rythme des écluses et de la délicieuse lenteur des pénichettes. Venu du Bassin parisien, le canal de la Marne au Rhin entre en Lorraine dans la vallée de l'Ornain et rejoint l'embranchement du canal de l'Est par la Voûte de Mauvages avant de rejoindre Strasbourg en traversant le pays de Sarrebourg. Le canal de l'Est qui double la Meuse au nord et la Moselle au sud, traverse de haut en bas la Lorraine. C'est l'axe traditionnel des communications entre les Ardennes et le Rhône. Comme son nom l'indique, le canal des Houillères de la Sarre, rappelle que cette voie incontournable servait au transport de la houille extraite en Sarre vers la Lorraine et l'Alsace. Entre Gondrexange et Sarrebruck, il serpente au milieu de magnifiques paysages de forêts et d'étangs. La boucle de la Moselle entoure complètement la ville de Stanislas. L'embranchement de Nancy, plus connu sous le nom de la Vallée de la Cayenne, est aujourd'hui fermé, mais il est toujours possible d'aller s'amarrer aux quais du bassin Saint-Georges, situés à quelques

Le canal des Houillères de la Sarre et celui de la Marne au Rhin ont été tracés en s'accommodant au mieux des reliefs et des caprices de la nature. Un tour de force. Résultat : un réseau de transport vital pour les premiers pas de la France industrielle.

pas du centre historique. La Moselle canalisée remonte des environs de Nancy en direction des frontières allemande et luxembourgeoise. Citons enfin quelques lacs pour rêver d'eaux douces (la plupart ont été créés au Moyen Age par des communautés religieuses) : le lac de la Pierre-Percée au bord du massif vosgien (un itinéraire de sentiers d'une trentaine de kilomètres longe ses rivages surplombés des ruines d'un château médiéval) ; le lac de Madine (plus 1 000 hectares au pied de la Butte de Monsec) est le rendez-vous recherché des loisirs nautiques ; l'étang du Lindre, en lisière du pays du Saulnois, est une réserve ornithologique exceptionnelle : plus de deux cent cinquante espèces viennent y nicher ; le lac de Géradmer dont les eaux reflètent de jolies collines piquetées de sapins géants, est le plus grand des lacs naturels lorrains (115 hectares).

Les riches heures de Stanislas le Magnifique

On dit volontiers que Stanislas est le plus important des ducs de Lorraine, parce que ce fut le dernier : un souverain sans pouvoir, un homme qui préférait les arts aux armes, les petits plats aux grandes manœuvres. Un roi

Page de gauche :
Encadrée par une grille monumentale de Jean Lamour, cette fontaine dédiée à Amphitrite est l'œuvre de Guibal. C'est l'une des merveilles de la place Stanislas. Le dernier duc de Lorraine avait entrepris d'embellir Nancy pour rendre hommage à son gendre, le roi Louis XV.

Château
★ Curiosité remarquable

0   20 km

Côté jardin, le château de Luneville n'a rien perdu de sa splendeur. Grâce aux restaurations de l'après-guerre. Dès 1946, les bosquets retrouvent leurs tracés du XVIIIe siècle ; la terrasse, les pièces d'eau et les parterres reprennent vie.

A droite :
Sabre au clair, un général audacieux : Charles-Louis Lassale.

Vu du ciel, le contour du « petit Versailles lorrain » rappelle cette ordonnance majestueuse voulue par le duc Léopold, admirateur du Roi-Soleil.

gourmand et raffiné. Mais ce personnage fantasque — « L'âme slave a des brumes où s'égare notre psychologie latine », a écrit Maurice Gayot, son biographe minutieux — a laissé un héritage impressionnant et une empreinte indélébile. Quitte à occulter le souvenir du duc Léopold qui releva de ses ruines la Lorraine au début du XVIIIe siècle et la rendit prospère.

Pendant ses trois décennies de règne, le « philosophe bienfaisant » quittait peu sa province. Il allait seulement à Versailles une fois par an pour voir sa fille et embrasser ses petits-enfants. En suivant ses pas, on découvre une légende dorée de la Lorraine : brillante et élégante.

La Cour de Lunéville

« Nancy m'inquiète, j'ai bien fait de m'établir à Lunéville », disait Stanislas en installant ici une cour fastueuse et intelligente. Boudée par Nancy, Lunéville scintillait des mille feux d'une capitale. Le dernier duc de Lorraine régna sans gouverner de 1737 à 1766 sur ce qu'on appelait « le petit Versailles lorrain ». Voltaire, qui fréquentait avec Diderot, Saint Lambert et Montesquieu, cette merveille construite par Boffrand pour le duc Léopold, grand admirateur du Roi-Soleil, ne s'était pas trompé : « On ne croyait pas avoir changé quand on passait de Versailles à Lunéville », écrivait-il. C'était, par excellence, un lieu de divertissement royal. Stanislas va l'agrandir et l'embellir : 17 hectares de parc à la française, des

bassins, des jets d'eau et le fameux jardin des Bosquets tracé sur les plans d'Yves des Hours.

C'est en s'approchant trop près d'une cheminée de Lunéville que sa robe de chambre prit feu. Le Bienfaiteur de la Lorraine ne se remettra pas de ses brûlures. Il mourra quinze jours plus tard, non sans avoir trouvé un mot d'esprit à l'attention de sa femme de chambre qui s'était blessée en le secourant : « Qui eût pensé, Madame, qu'un jour nous brûlerions des mêmes feux ? » La malédiction du feu va poursuivre le château, qui a été dévasté par un incendie dans la nuit du 2 au 3 janvier 2003. Le musée, qui contenait un magnifique ensemble de faïences de Lunéville et de Saint-Clément, de tapisseries et de mobiliers du XVIIIe siècle, est parti en fumée ; de même, l'apothicairerie de l'hôpital (classée à l'Inventaire général des richesses artistiques) et la chapelle bâtie sur le modèle de Versailles. Les dégâts ont été considérables et la facture salée. La restauration entreprise en 2005 permet de visiter à nouveau le château et les jardins. Face au château, la statue équestre du général Antoine Charles Louis Lassale, tué à 34 ans à la bataille de Wagram en 1809. Il avait dit : « Tout cavalier qui n'est pas mort à trente ans n'est qu'un jean-foutre. » Lassale était messin mais sa statue a été réalisée au temps sombre de l'annexion de Metz. Qu'importe, la statue est restée. Elle rappelle la vocation

cavalière de la ville. En 1737, Stanislas avait créé la Compagnie des cadets gentilshommes du Roy de Pologne. Conditions d'admission : « Etre noble, catholique et sans défaut corporel. »

Les jardins de Gerbéviller

Quelques photographies encadrées dans le salon de la princesse d'Arenberg donnent une idée de la splendeur de cette grande demeure construite en 1737 par le marquis de Lambertye. Dans les premiers jours de la Grande Guerre, le village et le château ont été incendiés par l'armée allemande, les hommes pourchassés et fusillés. De ce drame barbare, le château ne se remettra jamais. Vers 1925, seul le rez-de-chaussée qui subsistait des décombres a été aménagé par l'architecte Laprade avec beaucoup d'élégance. Par contre, le parc romantique traversé par la Mortagne est demeuré intact. Il rassemble une palette unique d'essences précieuses. En lisière du parc, dans un vaste jardin clos de murs se succèdent des plantations de cucurbitacées, un potager de senteurs (des

Le parc du château de Gerbéviller est agrémenté de nombreuses essences rares plantées au cours des siècles et d'aimables statues romantiques.

Face au château, l'ancienne chapelle du couvent des Carmes abrite un Christ de Donatello.

Le bon roi Stanislas a retrouvé sa place dans la chambre rouge du château de Fléville.
Le duc de Lorraine s'y était reposé le 3 juillet 1758 après une journée éprouvante.

herbes odorantes), un jardin satanique (des poisons) et un parc d'agrément. Pour commémorer le centenaire de l'Ecole de Nancy, la princesse d'Arenberg a fait dessiner par le paysagiste Marc Lechien un jardin 1900 dédié à Ernest de Lambertye dont la célèbre collection d'orchidées plaisait tant à Emile Gallé. On

restaurée après les destructions de 1914. Elle est richement décorée d'or, de marbre et de bronze. Son Christ est attribué à Donatello et ses vitraux datent du XVe siècle.

Visite à Fléville-devant-Nancy

C'était la propriété de la spirituelle marquise des Armoises, femme de grande culture et amie des ducs de Lorraine. Stanislas fréquentait ce bel édifice Renaissance bâti autour d'un donjon édifié vers 1320 par les sires de Fléville et épargné par Louis XIII à l'époque où toutes les constructions militaires de Lorraine étaient rasées. On

La salle des Ducs de Lorraine rassemble les armoiries de tous les souverains d'une province devenue française. Cette généalogie remonte au Xe siècle.

s'est donc attaché à retrouver les influences du siècle naissant et les créations botaniques de Félix Crousse et de Victor Lemoine. Stanislas fut reçu à plusieurs reprises dans le pavillon Rouge — une étonnante fantaisie inachevée de pierres et de briques — et il s'inspira du nymphée pour la construction de la grotte de Cerbère du château de Commercy. Le nymphée est une grotte artificielle dédiée aux divinités des eaux. Celui-ci, unique en Lorraine, est un bel exemple de la Renaissance italienne : un double escalier avec jets d'eau, des niches abritant Neptune et Amphitrite, et une grotte chargée de coquillages, de stalactites et de monogrammes. Deux chiens en pierre conduisent au belvédère.

Dans un charmant salon d'angle, on a reconstitué une scène de la vie quotidienne du château : la marquise de Boufflers – favorite de Stanislas – reçoit son fils.

Face au château, l'ancienne chapelle du couvent des Carmes a été

est sûr de sa visite dans la journée du 3 juillet 1758. Il vient de la Malgrange en carrosse écouter les doléances de la noblesse lorraine et tenter de régler une querelle qui l'oppose au roi de France : Louis XV, ignorant la souveraineté du duché, a décidé de lever un impôt outrageant. Fatigué par tant d'émotions, le beau-père du roi s'est reposé dans une chambre tendue d'étoffe rouge qu'on appelle maintenant « la chambre de Stanislas ». Il apparaît aujourd'hui ressuscité par le talent du musée Grévin dans toute l'aimable majesté de la cire. Dans un petit salon attenant, une scène, toujours en cire, représente la marquise de Boufflers et son fils, le chevalier de Boufflers, figés dans l'attitude convenue de la bienséance.

Entouré d'un parc paysager de 20 hectares, le château semble avoir traversé le temps sans dommage. La cour d'honneur est soulignée par une belle balustrade de pierre finement ouvragée qui est un précieux témoignage de la Renaissance. A l'étage des combles, on remarque une série de lucarnes sur lesquelles sont gravés les noms des familles entrant dans la généalogie des Lutzelbourg.

Un escalier à volée et une imposante salle des blasons ont été aménagés au milieu du siècle dernier. Les armoiries de tous les ducs de Lorraine

Un roi en exil

Le 13 octobre 1733, l'armée française occupe Nancy pour contrecarrer le plan des Autrichiens qui veulent se rendre maîtres de la Lorraine. Objet du litige : la succession d'Auguste II sur le trône de Pologne. D'un côté les Russes et les Autrichiens soutiennent Auguste III ; de l'autre les Français l'ont promis à Stanislas Leszczynski, beau-père de Louis XV. Tout finira par une guerre et un traité de paix. Au terme des préliminaires de Vienne (1735), Auguste III empoche la couronne de Pologne. En compensation, Stanislas conserve le titre de roi et reçoit en dédommagement la Lorraine et le Barrois. A sa mort, les deux duchés reviendront à la France. On prétend que l'empereur d'Autriche — d'accord pour le duché de Bar — reposa deux fois sa plume avant de signer pour la Lorraine.

Un portrait de Stanislas par Girardet.

s'étalent sur les murs d'une grande pièce avec une charge baroque qui a été décrite comme « une particularité du Lotharingisme romantique ».

Cette propriété où la duchesse de Brancas tenait un salon littéraire avant la Révolution appartient depuis 1812 aux descendants du général de Lambel, un esthète entreprenant qui lui a redonné tout son lustre.

L'élégant château de Fléville-devant-Nancy. La tour médiévale a été épargnée par faveur spéciale. Louis XIII avait fait détruire tous les ouvrages fortifiés de la Lorraine.

Les angelots de Guibal donnent le ton au château d'Haroué. Une merveille gracieuse due au talent de Germain Boffrand et des meilleurs artistes du siècle de Stanislas.

Toutes les pièces du château – comme cette chambre tendue de soie – accumulent des meubles d'une rare beauté. On a baptisé la demeure des Beauvau-Craon le « Chambord lorrain ».

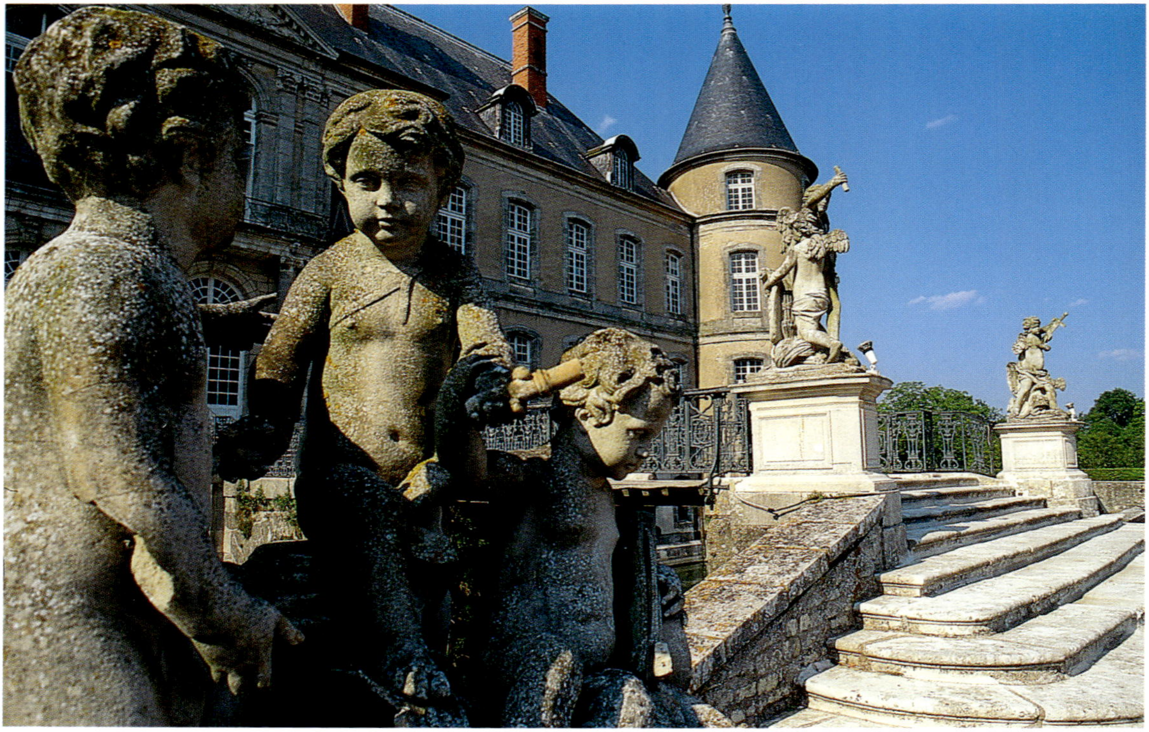

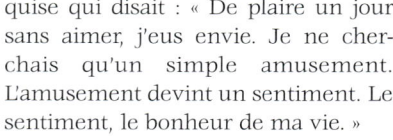

Les délices du château d'Haroué

Stanislas adorait Haroué autant que la marquise de Boufflers, fille de Marc-Antoine de Beauvau-Craon, constructeur du château. La marquise, qu'on appelait par courtoisie sa confidente, était sa maîtresse attitrée. Elle partageait les faveurs du souverain avec la duchesse Osslinska. Et Stanislas partageait les délices d'Haroué avec la marquise qui disait : « De plaire un jour sans aimer, j'eus envie. Je ne cherchais qu'un simple amusement. L'amusement devint un sentiment. Le sentiment, le bonheur de ma vie. »

La terre d'Haroué appartenait aux Bassompierre. Elle fut donnée en 1720 par le duc Léopold aux Beauvau-Craon, une famille considérable : « cousins du roi » depuis 1711, prince du Saint Empire, Grand d'Espagne. Les Beauvau-Craon, qui règnent depuis trois siècles sur le domaine d'Haroué, se sont constamment illustrés avec des prélats, un maréchal de France, un membre de l'Académie française et même une jeune fille, Sophie, qui fut la déesse Raison d'une fête populaire de la Révolution.

Haroué est une merveille unique blottie dans les méandres du Madon. On a dit que Germain Boffrand, architecte et neveu de Mansard, avait été « triomphant ». Personne n'a compté les fenêtres, mais on prétend que le château en compte trois cent soixante-cinq (une par jour de l'an-

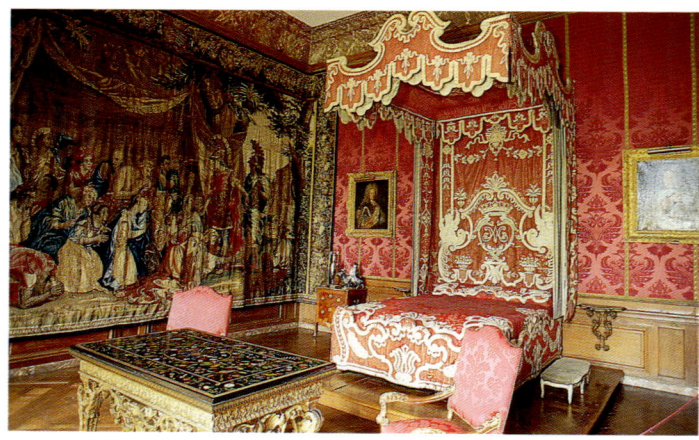

née). Par contre, on dénombre avec certitude quatre-vingt-six pièces, plus de cinquante cheminées, quatre ponts et quatre tours cernées par de larges douves d'eau vive.

Tous les plus grands artistes du temps, les artisans les plus renommés vont contribuer à cette mise en scène raffinée : Jean Lamour réalise d'abondantes ferronneries ; Guibal disperse sur les pinacles et les butées d'escaliers des angelots taillés dans la pierre ; la manufacture ducale de la Malgrange livre d'admirables tapisseries tissées en fil de soie, d'or et d'argent et illustrant les épisodes de la vie d'Alexandre ; le mobilier est estampillé du maître ébéniste Bellangé ; les « chinoiseries » d'un charmant cabinet rond situé dans la tour sud-est représentent l'œuvre unique encore conservée de Jean Pillement.

Pour parfaire ce palais qui constitue l'une des plus brillantes illustrations du siècle des Lumières — « le Chambord lorrain », dit-on —, Marc de Beauvau-Craon a fait dessiner par Emilio Terry, dans les années cinquante, un parc qui s'ordonne autour d'une grande allée. De part et d'autre, les deux parterres de pelouses sont cernés par des charmes taillés en cône ou en obélisque tronqué. Plus tard, on a planté, le long du bâtiment des communs, un délicieux jardin où s'entremêlent les buis et les rosiers anglais.

Les grandes chasses de Commercy

En 1709, Boffrand édifia le château du prince de Vaudémont sur la forteresse des comtes de Sarrebruck que le cardinal de Retz avait sérieusement remanié. A son tour, Stanislas hérita de cette imposante bâtisse qui contrôlait la vallée de la Meuse. Il s'appropria aussitôt un domaine de chasse de plusieurs milliers d'hectares et confia à Héré l'embellissement du pavillon de chasse, du parc et du château. Entièrement ravagé par un incendie, en 1944, le château a été reconstruit. En dehors du palais qui s'ouvre sur une belle esplanade en fer à cheval, il ne reste plus rien des « plaisirs royaux » : le parc traversé par un étonnant canal de 500 mètres qui s'achevait sur un gracieux pavillon s'est évanoui définitivement. Le dernier duc de Lorraine, qui aimait autant les châteaux que les gâteaux, venait souvent à Commercy où, disait-on, il se tenait aussi bien à table qu'à cheval.

Aujourd'hui, les trois quarts du château sont occupés par des administrations. On peut, néanmoins, visiter quelques pièces de réception et les soubassements médiévaux. A voir aussi le musée de la Céramique et de l'Ivoire.

Sur les grilles de la place Stanislas, le duc de Lorraine a fait placer les armoiries du roi de France.

L'itinéraire de Nancy

A propos de l'ancienne place Royale, on a dit que c'était « un rêve d'Italie qu'il fallait un podestat pour réaliser ». En 1831, la Lorraine reconnaissante inaugure une statue à la gloire de Stanislas Leszczynski, le Bienfaisant. Elle remplace celle de Louis XV déboulonnée sous la Révolution. Sur le socle s'égrène la longue litanie de ses mérites de bâtisseur (place Royale, place de la Carrière, fontaines publiques, arcs de triomphe, jardin botanique, réédification de Saint-Dié, etc.) et de bienfaiteur (pensionnat pour les orphelins, hôpitaux pour les pauvres, aumônes annuelles, secours en cas d'incendie, de grêle et d'épidémie, fondation pour les calculeux, maison de retraite pour les curés infirmes, etc.). La visite de Nancy commence donc par l'incontournable **place Stanislas** (inscrite au Patrimoine mondial) dressée pour séparer la Vieille Ville de la Ville Neuve. Après avoir embelli selon son bon plaisir Lunéville et Commercy, l'ancien roi de Pologne commence à s'intéresser à Nancy. Voulant glorifier son gendre Louis XV dans la plus grande tradition des places royales, il confie à son architecte préféré cette œuvre magistrale qui s'organise autour d'une statue en bronze du roi de France vêtu en empereur romain, sculptée par Guibal et Cyfflé. Autour

Le jour de la fête de la Saint-Nicolas, la place Stanislas s'enflamme de mille feux dans la froidure de l'hiver.

Les grandes illuminations de l'hôtel de ville. C'est le plus vaste des pavillons de la place Stanislas. Sur son fronton, les armes du roi de Pologne : aigle, cavalier et buffle. A l'intérieur, une succession de salons majestueux.

de la place fermée par les grilles de Jean Lamour, Emmanuel Héré dispose des pavillons classiques de part et d'autre de la grande façade de l'hôtel de ville qui s'orne des armes de Stanislas et de la ville de Nancy. Un arc de triomphe — toujours en l'honneur du roi de France — s'ouvre sur **la place de la Carrière** (dévolue autrefois aux joutes et aux parades militaires) et le palais du Gouverneur. C'est un ensemble unique et majestueux parsemé de fontaines, de grilles aux ors étincelants et de sculptures. Pour donner plus d'éclat à cette place qui est l'une des plus belles de France, la mairie l'a pavée et rendue aux piétons en 2005. Enfin, le duc tient à honorer son saint patron, Stanislas, évêque de Cracovie. Ce sera la **place de l'Alliance**, à l'emplacement des anciens potagers ducaux. Cette « sorte de mélancolie janséniste », selon Barrès, est bordée de façades uniformes. Au centre, une fontaine baroque ornée d'un obélisque de pierre finement ciselé. Pour son dernier repos, Stanislas n'avait pas retenu les caveaux des ducs de Lorraine dans l'église des Cordeliers. Il avait fait construire par Héré **Notre-Dame-de-Bon-Secours**, une agréable église baroque.

Coulée dans le bronze, la statue de Stanislas a remplacé celle de Louis XV déboulonnée sous la Révolution. L'ancien roi de Pologne désigne du doigt la vieille ville : son chef-d'œuvre.

Sur une façade de l'arc de triomphe, on a rendu hommage à Jacques Callot, célèbre graveur lorrain qui dénonça les Misères de la guerre.

Le tombeau de Stanislas dans le chœur de Notre-Dame-de-Bon-Secours. Au temps barbare de la Révolution, le sarcophage fut violé et le cadavre décapité. Plus tard, les cendres seront replacées dans le caveau du souverain.

La plupart des ducs de Lorraine sont enterrés dans la crypte de l'église des Cordeliers. Dans la nef, de nombreux gisants ont été exécutés par les meilleurs artistes lorrains dont celui de Philippe de Gueldre, femme de René II, sculpté dans le calcaire par Ligier Richier.

Situé à droite dans le chœur, le tombeau de Stanislas fait face à celui de son épouse Catherine Opalinska. Pendant la Révolution, le corps du dernier duc de Lorraine sera déterré et décapité.

Enfin, le **Musée historique lorrain** présente dans les galeries nord du palais des collections consacrées au prince éclairé : portraits, tableaux,

projets architecturaux et un étrange microscope offert par Louis XV à son beau-père.

Les eaux de Plombières-les-Bains

C'est un charmant village coincé dans un étroit vallon où madame de Staël n'avait jamais « goûté si fortement les beautés de la nature ». Stanislas venait y « prendre les eaux ». Il y fit construire pour ses deux petites-filles — Victoire et Adélaïde — la fameuse maison des Arcades, dont la façade est classée à l'Inventaire des monuments historiques ainsi que la ferronnerie du grand escalier due à André Gillot, élève de Jean Lamour. L'ancienne Maison des Dames de Remiremont, baptisée « Bain Stanislas », est aujourd'hui fermée (seul le sous-sol appartient au complexe Calodaé). A 3 kilomètres au sud-ouest de Plombières, des inscriptions élogieuses gravées sur la fontaine Stanislas rappellent les bienfaits de l'ancien duc de Lorraine.

La Maison des Arcades de Plombières-les-Bains
édifiée par Stanislas pour ses petites-filles.

Le haras
de Rosières-aux-Salines

Dans ce haras, l'un des plus anciens de France avec celui du Pin et de Pompadour, on prétend que Stanislas élevait des chevaux polonais sur l'emplacement des anciennes salines dont l'exploitation avait été abandonnée. Le Haras royal, créé en 1768 par le marquis de La Galaisière, a connu bien des vicissitudes : supprimé sous la Révolution, envahi par les Autrichiens, cantonnement de l'armée française pendant la guerre de 14-18, occupé par les Allemands en 1940 puis par l'armée américaine en 1944. Il reprend son activité dès 1945 et héberge aujourd'hui plus de quarante étalons représentant six races : pur-sang anglais, pur-sang arabe, anglo-arabe, selle français, poney et trait ardennais. Un endroit idéal pour les amoureux du cheval qui ne manqueront pas de voir le manège du XVIIIe siècle ainsi que la maréchalerie et les selleries. En été, le haras organise de nombreuses manifestations : concours hippiques, présentation des étalons, épreuves pour chevaux de randonnée.

© musée Lorrain, Nancy - Ph. G. Mangin.

Nicolas Ferry dit Bébé, le Nain de Stanislas.

« Bébé », le nain de Stanislas

Le fou du souverain était un nain originaire des Vosges du nom de Nicolas Ferry. On rapporte qu'à 5 ans, il mesurait quinze pouces (40 cm) et pesait douze livres et qu'il avait été baptisé, déposé sur une assiette !
Ses qualités : comme tous les fous, il amusait Stanislas qui acceptait tous ses caprices. Il avait presque tous les défauts : paresseux, jaloux, colérique, gourmand, têtu, pervers. A Lunéville, on avait installé son « hôtel particulier » — une boîte en bois avec une porte et une fenêtre — dans une pièce du château. Il se promenait dans son « carrosse », une minuscule calèche traînée par quatre chèvres.
Ainsi, le nain « Bébé » qui se perdait dans les champs de luzerne menait une vie dorée dans les basques et les fastes de Stanislas. Le duc aimait voir sa cour agrémentée de ses fantaisies et de ses sautes d'humeur.

Entraînement des chevaux de trait ardennais
au haras de Rosières-aux-Salines.

Dans la campagne de Thionville, le château de La Grange offre une façade d'une grande élégance.

Les merveilles du siècle d'or

Il faut encore visiter les décors contemporains de l'ère du roi de Pologne. Comme le **château de La Grange** à Manom, dans les environs de Thionville. C'est une charmante demeure élevée en 1731 par Robert de Cotte pour un conseiller au parlement de Metz sur les murs d'une forteresse qui participait à la défense de Thionville. Elle appartient aujourd'hui aux descendants du marquis de Fouquet, lieutenant général du pays messin et cousin du maréchal de Belle-Isle, qui l'avait acquise en 1752. Le logis central orné d'un fronton armorié est enserré par deux longues ailes plongeant dans les douves. L'intérieur est un ensemble délicieux du XVIIIe siècle : une rampe de fer forgé provenant d'un hôtel du Marais, deux nymphes de l'école de Jean Goujon, un grand poêle de faïence blanc et or, haut de cinq mètres, une Vierge à l'Enfant de Van Dyck, des

Ci-contre
Pompe funèbre de Charles III, passage du cortège devant le Palais Ducal.
Par Claude de La Ruelle, planche gravée par F. Brentel, 1611.

© musée Lorrain, Nancy. Ph. P. Mignot.

Enterrement du duc Charles III. Par Claude de La Ruelle, planche gravée par F. Brentel, 1611.
En haut à droite : Les bourgeois de Nancy.
En bas : le cheval d'honneur et les porteurs des pièces honorables.

portraits de Mme Vigée-Lebrun, ainsi qu'une collection unique de céladons coréens et chinois. On prétend que Pauline Bonaparte faisait ses ablutions dans une baignoire taillée dans un bloc de marbre blanc, située aujourd'hui dans la salle de bains Empire. Poursuivre son itinéraire au château de **Cons-la-Grandville**, élevé à quelques kilomètres de Longwy. Il appartient à la même famille — les Lambertye — depuis mille ans et a été agréablement remanié au XVIIIe siècle après les destructions de la guerre de Trente Ans (ne pas manquer sa majestueuse porte Renaissance) ; au château **Saint-Sixte** à Freistroff dans la Moselle qui porte les dates de 1536 et 1545 sur les façades intérieures, mais

dont l'architecture dénote les modifications Renaissance ; et encore au château de **Pange,** situé non loin de Metz « comme un coffret au bord de la Nied française au milieu de la prairie ».

Le grand salon du château de La Grange chargé d'un beau mobilier du XVIIIe siècle avait été transformé sous l'Occupation en école de jeunes filles.

L'enterrement des ducs de Lorraine

« Il faut avoir vu trois événements dans sa vie, dit un vieux dicton lorrain : le sacre d'un roi de France à Reims, le couronnement d'un empereur allemand et l'enterrement d'un duc de Lorraine. » Somptueusement drapé d'or et de velours, le corps du souverain a été embaumé. Pendant trois semaines, il est exposé dans la chapelle des Trespas au milieu des effluves d'encens, des oraisons et des prières de l'Eglise. Puis on organise dans la salle d'honneur, en présence de la Cour, le simulacre d'un fastueux dîner servi à « feu Son Altesse ».

Ph. J.-M. Cuny

S'ensuivent deux jours de veillée dans la salle funèbre tendue de voile noir et éclairée de mille bougies. On annonce alors au peuple « l'Edit funèbre ». Un grand cortège mortuaire s'ébranle suivi par toute la noblesse, les prélats, les prêtres, trois cents pauvres et trois cents bourgeois. Le convoi parcourt la ville pendant deux jours et le dernier voyage du souverain s'achève à l'église des Cordeliers dans une prodigieuse mise en scène. Stanislas, dernier duc de Lorraine, qui rendit l'âme le 23 février 1766 « à quatre heures et quelques minutes de l'après-midi », fut enterré dans l'église Notre-Dame-de-Bon-Secours, bâtie par Héré sur l'emplacement d'une chapelle dédiée à la victoire des Lorrains sur Charles le Téméraire.

Ph. J.-M. Cuny

Les quatre capitales

La Lorraine a doté chacun de ses départements d'une ville phare qui rayonne d'un éclat particulier. Flâner dans ces quatre cités majeures est une manière saisissante de prendre un raccourci pour découvrir une région dont l'histoire a écrit des pages contrastées et tracé des frontières fluctuantes. Mais ces promenades citadines dont les repères restent incertains incitent à des rencontres chargées d'émotion.

BELGIQUE
LUXEMBOURG
ALLEMAGNE
ARDENNES
08
HAUTS-DE-MEUSE
Thionville
Forbach
Verdun
METZ
Sarreguemines
MOSELLE
LORRAINE 57
Étang de Lachaussée
Château-Salins
Étang du Lindre
PLATEAU DU BARROIS
Lac de Madine
55
MEUSE
Bar-le-Duc
Commercy
Sarrebourg
Toul
NANCY
Lunéville
Roc de Taurupt 728
983 Grossmann
67 BAS-RHIN
MEURTHE-ET-MOSELLE
Lac de la Pierre-Percée
54
Neufchâteau
St-Dié
52 HAUTE-MARNE
Col du Bonhomme 949
HAUT-RHIN
88
Épinal
VOSGES
Lac de Gérardmer
Col de la Schlucht 1258
Le Hohneck 1362
68

† Édifice religieux

M Musée

0   20 km

Plombières-les-Bains

1216   1247
Ballon de Servance   Ballon d'Alsace

35

Devant l'esplanade du château Neuf, panorama sur la Ville Basse de Bar-le-Duc.

l'Ornain, confluent de la Marne dans lequel viennent se jeter le canal de la Marne au Rhin et le canal des usines.

A l'origine, la capitale de la Meuse est une petite cité gauloise, le long de la voie romaine de Reims à Toul. Puis, du Xe au XIVe siècle, la ville se développe avec la construction du château en bordure du plateau et l'installation des ducs. La Ville Haute est prospère. Elle se peuple de bourgeois à qui les ducs accordent de nombreux privilèges dont celui de commercer à la Halle. Des marchands lombards servent même de banquiers aux souverains et à la noblesse. Des querelles s'installent avec le quartier du Bourg de la Ville Basse : une chanson des « cans » raille l'arrogance et la suffisance de la Ville Haute.

Sous Louis XIV, château et fortifications sont démantelés ; le déclin économique s'amorce.

Malgré cela, la Ville Haute reste jusqu'à la Révolution le quartier aristocratique, le lieu de résidence des titulaires de charges à la Cour des comptes du Barrois. Toute la noblesse se fait construire **rue des Ducs** et **place Saint-Pierre** des hôtels chargés de colonnes, de statues et de trophées. Il en reste de beaux exemples : le palais de justice (l'ancien hôtel Renaissance de Florainville) ; une très belle maison à colombages située au 25, place Saint-Pierre ; la façade du

Bar-le-Duc, ville noble

La patrie de deux maréchaux d'Empire, du duc François de Guise et de Raymond Poincaré, s'organise autour d'un promontoire — la Ville Haute — qui domine la Ville Basse striée par trois chemins d'eau :

Le Transi de René de Chalon

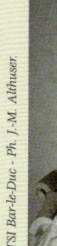

« Ce pourri, écrivait l'Académicien Louis Bertrand, est un gentilhomme élégant et svelte qui reste aimable sous les chairs en lambeaux. » Après

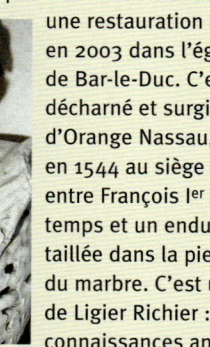

une restauration méticuleuse, le *Transi* a été reposé en 2003 dans l'église Saint-Etienne de la ville haute de Bar-le-Duc. C'est la représentation du cadavre décharné et surgissant de René de Chalon, prince d'Orange Nassau, chevalier de la Toison d'Or, tué en 1544 au siège de Saint-Dizier lors d'une bataille entre François Ier et Charles Quint. La patine du temps et un enduit inconnu donnent à cette statue, taillée dans la pierre de Saint-Mihiel, l'aspect du marbre. C'est une des œuvres les plus abouties de Ligier Richier : réalisme bouleversant, connaissances anatomiques étonnantes à une époque où les autopsies étaient interdites par l'Eglise. Une légende tenace affirme que la veuve du prince demanda au célèbre sculpteur de réaliser une représentation de son époux tel qu'il serait trois ans après sa mort. Le corps de René de Chalon est enterré à Breda (Pays-Bas) dans le caveau de la famille de Nassau (les souverains actuels de Hollande). Son cœur, qui était « enfermé dans une boîte rouge en forme de cœur, qu'un squelette de marbre tient à la main », aurait été volé pendant la Révolution. Né à Saint-Mihiel en 1500, mort exilé à Genève en 1567, Ligier Richier travaillait activement pour les ducs de Lorraine. Il reste le maître absolu d'une technique éblouissante et d'une émotion particulière transmise à la pierre.

Planté de peupliers, le canal de la Marne au Rhin coule à la lisière de la capitale de la Meuse.

tribunal d'instance ; l'ancienne halle du XIIIᵉ siècle ; un pressoir du XVᵉ siècle (démonté pièce par pièce et réinstallé dans une ancienne grange) ; la maison à gargouilles, au 47 rue des Ducs-de-Bar, dans laquelle Bernanos écrivit *Sous le soleil de Satan*. Voir

aussi la maison du XVIIᵉ siècle, rue Chavée et la tour de l'Horloge.

Installé dans le château neuf, le **Musée barrois** offre de belles collections d'arts décoratifs, de sculptures (dont les *Apôtres* provenant des tombeaux des ducs de Bar) et d'ethnographie, enrichies par les collections de la Société de géographie. Trois salles sont consacrées à l'histoire locale du Moyen Age au XXᵉ siècle : l'ensemble des armes et des armures richement ciselées donne une idée de l'importance du duché dans l'organisation politique de l'Ancien Régime. Une série de vélocipèdes à pédales rappelle que cette invention est due à l'imagination de deux enfants de Bar-le-Duc : Pierre Michaux, apprenti serrurier, puis maître carrossier à Paris et son fils, Ernest. Un monument en fonte représentant un petit génie accoudé à un vélocipède évoque le souvenir des inventeurs dans une niche, à l'angle de la rue du Bourg et de la rue Maginot. Depuis les années soixante, des fêtes vélocipédiques et des excursions ont lieu jusqu'à l'abbaye des Trois-Fontaines où se trouve le musée du Vélo.

Ne pas manquer, devant l'esplanade du château, un joli point de vue sur la Ville Basse, le collège Gilles-de-Trêves et les vestiges des fortifications. La place Saint-Pierre est fermée par l'**église Saint-Etienne**, une collégiale gothique miraculeusement épargnée par le temps. Avec son clocher à lanternon, cette église, commencée en 1318, a été remaniée plusieurs fois au cours des siècles. Ce qui explique l'amalgame de la façade qui fait voisiner un décor gothique flamboyant et des éléments de style Renaissance.

Bar-le-Duc, le canal des Usines.

Ci-contre :
Transformé en musée, le château Neuf présente une étonnante collection d'ethnographie et d'arts populaires.

Dans la pile de ce pont qui enjambe l'Ornain, une chapelle abrite une statue de la Vierge.

Campée sur la place Reggio, face à l'hôtel de la préfecture, la statue de Nicolas-Charles Oudinot, célèbre maréchal de France, né à Bar-le-Duc.

Ci-dessous à gauche :
Ce vélocipède rappelle que l'invention de cette machine à pédale est due à deux enfants de Bar-le-Duc.

Ci-dessous à droite :
Parmi les belles maisons de la Ville Basse, la maison des Deux-Barbeaux située au 26, rue du Bourg.

Trois chapelles privées destinées à la sépulture de familles nobles ont été ajoutées au XVIᵉ siècle : la chapelle des fonts baptismaux (ou de la famille Baudinais) possède le vitrail le plus ancien de l'église et une grille en fer forgé de l'Ecole de Jean Lamour ; la chapelle des Stainville avec un bas-relief représentant le *Sacrifice d'Abraham* ; la chapelle Sainte-Anne. L'église, qui doit sa luminosité exceptionnelle à sa construction de type « halle » et aux grandes fenêtres ogivales, regorge d'œuvres d'art provenant pour la

plupart de la collégiale Saint-Maxe : le célèbre *Transi* de Ligier Richier ; un calvaire en noyer polychrome représentant le Christ et ses deux larrons est attribué également à Ligier Richier ; la statue de Notre-Dame-du-Guet qui était placée au-dessus de la porte aux Bois, sur les remparts sud de la Ville Haute ; une mise au tombeau ; une châsse contenant (peut-être) les reliques de saint Urbain, patron des vignerons.

En 1671, Louis XIV fait recenser les nobles de Bar-le-Duc : sur les soixante-dix familles que compte la ville, trente-deux habitent déjà dans la Ville Basse. La Ville Haute a perdu son emprise.

On descend vers les rives de l'Ornain par un escalier baptisé « les quatre-vingts degrés » : en fait, cent quarante-deux marches. La Ville Basse qui s'ordonne autour de la **place Reggio** et de l'hôtel de la préfecture témoigne aussi du rayonnement de la ville. Le **collège Gilles-de-Trèves,** que Montaigne considérait comme l'une des plus belles bâtisses de France, a été construit, à ses frais, par Gilles de Trèves, doyen de la collégiale Sainte-Maxe. Sa voca-

tion est inscrite en latin sur le porche : « Cette maison doit exister tant qu'une fourmi n'aura pas bu tous les flots de la mer et qu'une tortue n'aura pas fait le tour de la terre. » De belles demeures patriciennes — comme la **Maison des Deux-Barbeaux**, 26 rue du Bourg — n'ont pas craint d'afficher leur élégance ostentatoire dans les quartiers de la Ville Basse. Mais c'est au bord de l'Ornain que la cité retrouve une douce quiétude. Le **pont Notre-Dame** qui enjambe la rivière a été construit autour d'une chapelle qui abrite une statue de la Vierge du XIVe siècle. Enfin, cet itinéraire barrois vous entraînera aussi à la **Poste** (les vitraux sont l'œuvre de Grüber, un maître de l'Art nouveau), au **château de Marbeaumont** (aujourd'hui médiathèque Jean-Jeukens, l'ancienne propriété des banquiers Varin-Bernier était le poste de commandement du général Pétain pendant la guerre de 1914-1918) et à l'**église Notre-Dame** qui expose, dans la nef, un Christ en croix de l'incontournable Ligier Richier.

Epinal, sage comme une image

La capitale des Vosges est une cité aimable qui coule des jours tranquilles au bord de la Moselle, là où le canal de l'Est entame sa course vers le sud. Méfiez-vous de cette ville paisible, elle témoigne d'un dynamisme hors du commun et présente un palmarès éloquent : championne de France de la croissance (pour la création d'emplois en 1997-1998), premier prix du site Internet pour les villes de moins de 50 000 habitants. C'est aussi la ville la plus fleurie et la plus sportive (16 000 licenciés pour 40 000 habitants). Epinal ne s'est donc pas endormie sur ses traditions qui ont fait le tour du monde — textile, faïences, imagerie — elle innove,

invente, se lance dans la course aux activités tertiaires et industrielles.

Spinal est née au Xe siècle sous l'initiative de Thierry de Hamelant, évêque de Metz, autour d'une église, d'un monastère, d'un marché et d'un château construit pour préserver une indépendance si durement menacée

L'envers du pochoir

Le célèbre inventeur de l'image d'Epinal est Jean-Charles Pellerin, fondateur, au lendemain de la Révolution, d'une imprimerie qui se spécialise dans les cartes à jouer et la dominoterie (fabrication de papier marbré et coloré). Sa technique, qui est vieille de plusieurs siècles, consiste à tirer sur une presse une image d'après un bois gravé et colorié au pochoir. A l'aide de plusieurs pochoirs finement découpés, on applique successivement les différentes couleurs nécessaires à la finition de l'image. D'une facture naïve, le répertoire des images d'Epinal va trouver son inspiration dans les contes et légendes et sous l'Empire dans l'épopée napoléonienne. On verra ainsi Napoléon réclamant son fidèle Mameluk, Cadet Rousselle offrant à Gribouille l'abri de son parapluie ou Les chevaliers croisés défiant le sultan Saladin. Au cours du temps, on améliore la technique avec la stéréotypie (la reproduction du bois gravé sur une matrice de plomb par moulage) puis la lithographie qui va permettre à l'artiste d'entrer dans le détail. Au début du siècle, l'imagerie d'Epinal, qui connaît une grande prospérité, multiplie les créations, les sujets à découper, les théâtres d'ombre et les feuilles de soldats. Dans ses ateliers du quai de Dogneville, l'imprimerie bicentenaire continue à faire rêver d'un monde en couleurs.
Écomusée de l'Imagerie d'épinal, 42 bis, quai de Dogneville. Tél : 03 29 31 28 88.

Cette architecture résolument moderne abrite le Musée départemental d'Art ancien et contemporain d'Epinal.

Au centre d'Epinal, l'alignement des immeubles se reflète dans les eaux dormantes de la Moselle.

par les quatre nations : Alsace, Bourgogne, Champagne et Lorraine.

C'est justement au pied du **château** dont les ruines s'élancent sur la vieille ville qu'il faut partir à la découverte de la capitale des Vosges. Classés monuments historiques, ces vestiges cernés par un charmant parc romantique rappellent que cette solide forteresse faisait tellement peur au roi de France que Louis XIV la fit démanteler par le maréchal de Créqui en 1670. La **basilique Saint-Maurice** émerge des toits ocre. Construite en grès à

la fin du XIIe siècle, l'église mélange avec bonheur les styles rhénan, bourguignon et champenois. Jusqu'à la Révolution, c'était à la fois l'église paroissiale et la collégiale du chapitre des Dames Chanoinesses consacré à saint Goëry. Voir à l'intérieur, dans le croisillon droit, une très belle *Mise au tombeau* du XVe siècle provenant de la chapelle Saint-Michel et une *Vierge à la rose* du XIVe siècle.

Plus loin, situé sur l'une des pointes de l'île de la Moselle, le **Musée départemental d'Art ancien et contemporain**, un grand édifice transparent de verre et d'acier, rassemble des collections d'archéologie (préhistoire, époques celtique et gallo-romaine, Moyen Age), d'ethnographie, de peintures anciennes (notamment la *Vierge Marie* de Rembrandt, *Job visité par sa femme* et *Le Veilleur* de Georges de La Tour, des œuvres de Brueghel, Claude Gellée et Van Loo), d'imagerie populaire et d'art contemporain.

A Epinal, il faut encore longer les quais de la Moselle, aborder la **place**

des Vosges, agrémentée d'une belle maison du Bailli (XVIIᵉ siècle) et de demeures à arcades. Ou s'abandonner aux grands espaces verts : le **parc du Cours**, un jardin de style anglais

rosiers représentant cinq cent cinquante variétés différentes ; le parc **du plateau de la Justice**, avec sa pièce d'eau à deux niveaux chargée de plantes vivaces.

La nef de la basilique Saint-Maurice. Avant la Révolution, elle était l'église du chapitre des dames chanoinesses nobles d'Epinal.

Les bords de la Moselle sont propices aux promenades romantiques.

Placée aujourd'hui dans la basilique Saint-Maurice, cette mise au tombeau du XVᵉ siècle provient de la chapelle Saint-Michel.

où se mêlent des essences exotiques et des plantes vosgiennes, des arbres séculaires et des plantations d'essai ; le massif forestier boisé de feuillus et de résineux du **Mont-Carmel** ; la **Roseraie** de la Maison romaine, un parc à la française planté de six mille

L'Ecole de Nancy

« Innover toujours, ne copier jamais », disait Emile Gallé, l'inspirateur de l'Ecole de Nancy. Savant, maître verrier, ébéniste, botaniste, cet artiste hors du commun a placé Nancy au premier rang d'une esthétique nouvelle qui va passionner toutes les grandes villes d'Europe. Source principale : la nature et toutes ses fantaisies, ses teintes, ses courbes nonchalantes. Eugène Vallin sculpte sur la porte des ateliers Gallé la devise de l'Ecole de Nancy : « Ma racine est au fond des bois ». Il avait rejoint les mousquetaires de ce nouvel art qui bouscu-

Emile Gallé, poète de l'Art nouveau, peint par Victor Prouvé.

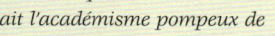

lait l'académisme pompeux de la troisième République : Louis Majorelle, maître verrier et sculpteur bronzier, Antonin Daum, le fondateur de la célèbre maison et Gallé. Le peintre Victor Prouvé, Jacques Gruber qui a laissé d'admirables vitraux, les architectes Lucien Weisseburger, Joseph Hornecker, Henri Gutton, Georges Biet, l'archéologue Emile André et tant d'autres talents « nouveaux » vont ainsi participer à une véritable révolution artistique : « L'art dans tout, l'art pour tous ».

Nancy, la cité aux portes d'or

L'ancienne ville des ducs de Lorraine ne se contente pas d'être le merveilleux écrin de la Renaissance et du siècle d'or de Stanislas, elle a acquis une réputation internationale en participant à la révolution culturelle de l'Art nouveau entamée dans les dernières décennies du siècle passé. Aujourd'hui, on vient dans la capitale de la Meurthe-et-Moselle retrouver une esthétique originale qui puise son bonheur dans la nature.

Le **musée de l'Ecole de Nancy** est installé depuis 1964 dans l'ancienne propriété de Jean-Baptiste Corbin, riche héritier des *Magasins Réunis*, collectionneur et mécène. Exemple unique en France d'un espace entièrement consacré à un mouvement artistique de renommée internationale. La maison, située non loin du

La luxueuse salle à manger d'Eugène Vallin, installée au musée de l'Ecole de Nancy, représente l'une des illustrations les plus abouties de l'Art nouveau.

parc Sainte-Marie, a été agrandie en 1912 par Lucien Weissenburger sur un premier corps de bâtiment de 1875. Ornée d'un bas-relief du sculpteur Auguste Vallin (le fils d'Eugène), elle s'ouvre sur un jardin où s'entremêlent bassins, ornements et plantes exotiques : de grandes ombellifères à fleurs blanches (sources d'inspiration de Gallé), des magnolias, des chênes rouges d'Arkansas, un ginkgo biloba du Japon, des marronniers et des roses pastel. Au fond, un aquarium spectaculaire, inspiré par les « folies » du XVIIIe siècle, semble tout droit sorti d'un décor de Jules Verne. Il se reflète dans un étang miniature où frémissent de frileux nénuphars. Sans présenter une stricte reconstitution de la Belle Epoque, les pièces de l'ancienne maison Corbin retrouvent — au milieu de collections d'une richesse exceptionnelle — l'ambiance et l'intimité d'une confortable maison bourgeoise. Témoins la célèbre *salle à manger Masson* de Vallin ou la chambre à coucher de Majorelle. Le piano est dédié à la *Mort du cygne*, les bureaux aux *Nénuphars*, la commode aux *Parfums d'autrefois*, le lit à l'*Aube* et au *Crépuscule*. Toutes les grandes signatures de l'Art nouveau défilent ainsi sur le mobilier, les sculptures, peintures, verreries et vitraux, céramiques, bijoux, broderies, ensembles décoratifs.

Louis Majorelle, dont la renommée s'est affirmée avec ses créations de mobilier de prestige, avait installé ses ateliers au fond du parc. Des fenêtres de sa maison, il surveillait tout, donnait des ordres. En construisant **la Maison Majorelle**, en face de l'église du Sacré-Cœur, le maître signait un véritable manifeste de l'Art nouveau. Il confiait les vitraux à Gruber, les céramiques à Alexandre Bigot, se réservant les fers forgés, le mobilier et les boiseries. La grande salle à manger, coupée en deux par un poêle en grès flammé, est restée intacte.

Partout ailleurs, Nancy déploie lascivement le musée « vivant » de l'Art nouveau : des façades creusées d'arabesques, des balcons noués de lianes

Grilles Jean Lamour,
place Stanislas, Nancy.

La porte de la Graffe
dont l'origine du nom reste
encore mystérieuse est
flanquée de deux tours et
d'une croix de Lorraine.
Construite au milieu du XVe
siècle, elle devait défendre le
nord de la ville.

en fer forgé, des vitraux profanes qui célèbrent les fleurs sensuelles ou l'amour du travail. A découvrir, au gré des flâneries nancéiennes : la maison de l'architecte Weissenburger, avec son décor et ses ferronneries de Majorelle (1, boulevard Charles-V) ; la Maison Huot, deux maisons jumelles agrémentées de onze fenêtres différentes (92-94 bis, quai Claude-le-Lorrain) ; la guinguette de *La cure d'Air-Trianon*, une incroyable structure métallique ornée de verrières publicitaires d'Henri Bergé (75, rue Pasteur-Malzéville) ; l'architecture « naturaliste » de la Maison du Peuple (2, rue Drouin) ; la Maison Eugène Vallin, première réalisation d'Art nouveau à Nancy (6, boulevard Lobeau) ; l'immeuble de la BNP, boiseries, mobilier et ferronneries de Majorelle (9, rue Chanzy) ; celui du Crédit Lyonnais avec son immense verrière dessinée par Jacques Gruber (7 bis, rue Saint-Georges) ; ou encore, la brasserie Excelsior près de la gare (le décor est plus intéressant que la cuisine), la chambre de commerce et les villas qui jalonnent le parc Saurupt.

À partir de juin 2012, le **musée des Beaux-Arts** offre une nouvelle galerie consacrée à Jean Prouvé. Les pavillons de la place Stanislas avaient déjà été remaniés en 1999. Une réussite. Les grands volumes intérieurs renouvelés sont empreints de teintes italiennes. L'art est sacralisé. Selon le maître d'œuvre Laurent Beaudouin qui a recherché « des apparences miraculeuses », l'architecture échange avec la peinture « un intérêt primordial pour la lumière, la composition, la structure de l'espace ». En outre, la rénovation du musée a entraîné des fouilles archéologiques qui ont mis au jour des vestiges de fortifications, une barbacane, un boulevard d'artillerie, et d'un bastion édifiés entre le XVe et le XVIIe siècle. Au fil des salles, on peut admirer une très belle collection de peintures italiennes (dont la *Déploration du Christ* du Tintoret), des œuvres des Ecoles du Nord (la *Transfiguration* de Rubens), des collections de peintures françaises depuis le XVIe siècle, des sculptures, des estampes, et une collection exceptionnelle de verreries réalisées par la manufacture nancéienne Daum.

Les chefs-d'œuvre de la Lorraine sont dispersés dans les vastes salles du Palais ducal, édifié au XVIᵉ siècle par le duc Antoine, où s'est installé le **Musée historique lorrain**. On y trouve, racontée en images, peintures, sculptures, porcelaines, meubles, l'histoire mouvementée de la Lorraine : la préhistoire, le Moyen Age, la Renaissance, la Révolution et l'Empire, le XIXᵉ siècle. Une salle consacrée au culte juif rassemble d'importantes collections du cérémonial judaïque, dont la petite couronne de Tora et les anneaux de mariage. Dans le chœur de l'**église des Cordeliers**, contiguë au Palais ducal, la chapelle funéraire des ducs de Lorraine rappelle celle des Médicis à Florence. Dans la nef, une étonnante sculpture du XIIᵉ siècle — le *Retour du croisé* — et de nombreux gisants dont le célèbre tombeau de la duchesse Philippe de Gueldre sculpté par Ligier Richier.

L'itinéraire historique permet de retrouver les traces des dix siècles d'histoire de l'ancienne ville royale, convoitée, tour à tour, par le Saint Empire germanique et le royaume de France. Le cœur la **Vieille Ville** s'étend sur d'anciennes fortifications entre la **porte de la Craffe** qui porte le chardon de Nancy et la croix de

Lorraine (elle servit de prison pendant la Révolution) et les extrémités de la Grande-Rue. On découvre ici d'admirables hôtels particuliers fortement influencés par les artistes italiens qui séjournaient à Nancy : rue du Haut-Bourgeois, l'hôtel de Fontenoy et l'hôtel Ferrari (voir la loggia en trompe l'œil de Barilli et le plafond où voltigent un aigle et des oiseaux exotiques) ; rue de la Source, l'hôtel de Lillebonne (il abrite la Bibliothèque américaine) ; rue Trouillet, l'hôtel d'Haussonville ; l'hôtel des Loups, rue des Loups.

Face aux colonnes du palais du gouverneur, l'hémicycle de la Carrière donne sur une longue place fermée par l'arc de triomphe. L'hémicycle est décoré par une succession de dieux antiques montés sur les portiques.

Sur cette représentation de la fin du XIXᵉ siècle (une gravure exécutée d'après photographie), la place Stanislas semble ne pas avoir pris une ride.

Les poissons fauves de l'aquarium tropical

Plus de trois cents espèces de la faune des récifs et des eaux douces tropicales s'ébattent dans soixante-dix bassins emplis d'eau douce ou d'eau de mer. L'aquarium tropical est situé au rez-de-chaussée du musée de Zoologie. L'exploitation scientifique de ces collections vivantes a permis la description d'espèces nouvelles et la publication de nombreuses observations. Naviguer au milieu de ces aquariums, où le monde du silence offre un spectacle coloré sans cesse renouvelé, est un vrai délice. On nage dans les coraux, les anémones, les diadèmes ; on frôle les poissons-anges, les mélanoténiidés de Nouvelle-Guinée, les amphiprions à collier. Tout est expliqué savamment, classé, répertorié : les espèces inféodées à une région géographique, les formes reliques, les métamorphoses, les poissons voiliers, les poissons chirurgiens.

Le musée de Zoologie a été créé en 1934 par Lucien Guenot pour présenter les collections de Godron et les dix mille spécimens rassemblés par des naturalistes lorrains depuis deux cents ans. Certains ont purement et simplement disparu de la planète. Ainsi, on trouve naturalisées des espèces très rares comme le Sphénodon, un reptile vivant sur quelques îlots de la Nouvelle-Zélande, ou le aye-aye, un lémurien de Madagascar.

Saint-Sébastien. Enfin, nous suivrons l'itinéraire consacré au dernier duc de Lorraine dans le chapitre consacré à Stanislas.

Metz défend l'Etat

Au grand dam de Nancy, Metz, l'ancienne cité royale de Sigisbert, est devenue la capitale régionale de la Lorraine. Une façon d'oublier les temps de misère — le 27 octobre 1870, la trahison de Bazaine livre la ville pour un demi-siècle de malheur — et de rappeler sa vocation historique : le commerce, l'industrie, le charbon et l'acier, couronnés par l'arrivée du chemin de fer. Une colline stratégique, une fidélité exemplaire. Vauban disait : « Les places fortes du royaume défendent leurs provinces, Metz défend l'Etat. »

Ci-contre :
Les grandes maisons bourgeoises se sont installées sur les rives de la Moselle. C'est la ville française bâtie autour de la cathédrale.

Metz, place Saint-Louis. Les arcades.

Sous le règne de Charles III (fin du XVIe siècle), la ville s'étend pour faire face à une forte poussée démographique. C'est aujourd'hui **la Ville Neuve**, marquée par la porte Saint-Georges, à l'est, et la porte Saint-Nicolas, au sud. L'activité commerciale de Nancy s'y est désormais installée, notamment rue Saint-Dizier, mais on remarque quelques œuvres emblématiques du XVIIIe siècle comme la cathédrale, l'église Notre-Dame-de-Bon-Secours et l'église

Deux fois annexé, l'ancien évêché distille une douce mélancolie entre la Moselle et la Seille.

Les musées de **la Cour d'Or** sont installés dans l'ancien couvent des Carmes, bâti sur les vestiges de thermes gallo-romains (ils ont été conservés au sous-sol). La visite est un voyage dans le temps : vie quotidienne des premiers Messins, mythologie d'une cité romaine florissante (avec sa colonne de Merten sculptée dans la pierre et surmontée de Jupiter terrassant un monstre), bijoux mérovingiens et les trente-quatre panneaux sculptés du fameux chancel provenant de l'église de Saint-Pierre-aux-Nonnains. D'autres salles sont consacrées à l'architecture militaire du Moyen Age à la Renaissance ; un musée des beaux-arts expose des

peintures de Corot, Delacroix et Moreau. Imbriqué dans les murs du couvent, le **Grenier de Chèvrement**, avec son pavement à gros carreaux et ses solides poutres en chêne, date de 1457. Il servait à

La porte des Allemands. Elle a emprunté son nom à l'ordre teutonique des Frères hospitaliers établi non loin de la porte au XIIIe siècle.

Guillaume, le bâtisseur

L'empereur d'Allemagne combinait les qualités d'un bâtisseur et la vigueur d'un artilleur. Ainsi n'avait-il pas d'états d'âme pour remodeler Metz dont il était devenu maître depuis l'annexion de 1871. Après avoir fait détruire les remparts, il conçoit, dès 1903, un quartier impérial qui doit affirmer — face à la ville ancienne de style français — la puissance de l'Empire. En bon militaire, Guillaume II conçoit cette nouvelle ville prestigieuse autour d'une grande gare stratégique. Le ton est donné, l'architecture sera résolument germanique avec l'adoption du style un peu massif de la néo-Renaissance flamande et l'emploi du grès rose ou du basalte qui remplace le calcaire traditionnel de Jeaumont. Résultat : une gare « kolossale » — trois cents mètres de long — fonctionnelle et richement décorée de statues, de bas-reliefs et de vitraux (l'un d'entre eux représente le Kaiser sous les traits de Charlemagne). Le nouveau quartier s'articule autour de la rue Gambetta, une enfilade de maisons de style néo-roman, et de la place Mondon où le sceau impérial apparaît sur les anciens édifices d'État : la Banque impériale (chambre de commerce) ou la Maison des corporations (immeuble de la BNP).

Les grands édifices en grès rose témoignent de la volonté de l'empereur d'Allemagne de germaniser la cité lorraine.

Dans le même temps, on construit face à la place de la Comédie, sur les bords de la Moselle, le Temple Neuf : un imposant édifice de style rhénan dédié au culte protestant.

Enfin, l'empereur s'intéresse à la cathédrale où il fait remplacer le portail Louis XV par un appareil architectural néo-gothique agrémenté des statues des prophètes (le plus à droite, Daniel, était censé représenter l'empereur ; on lui a supprimé les moustaches en 1940 !).

La cathédrale de Metz qui domine la vieille ville a rassemblé sous une voûte commune deux églises du XIIᵉ siècle : Notre-Dame-de-la-Ronde et Saint-Etienne.

conserver les produits de la dîme. Les plafonds du XIIᵉ siècle, peints à la détrempe, sont d'une étonnante fraîcheur.

La **Porte des Allemands**, véritable petit château fort planté à cheval sur la Seille, est flanquée de deux portes et de quatre tours arrondies. L'alignement des maisons chargées de contreforts et d'arcades épouse le long rectangle de la **place Saint-Louis**. Elles ont été construites entre le XIIIᵉ et le XVIᵉ siècle sur les ruines des remparts romains. Enfin, le **Centre Pompidou-Metz,** situé entre le parc de la Seille et la gare, a ouvert ses portes en mai 2010. Dessiné par les architectes Shigeru Ban et Jean de Gastines, l'ensemble ressemble à un chapiteau entouré d'un parvis et de deux jardins. Sous une grande ouverture, trois galeries

Au moment des fêtes de Noël, la place de la Comédie est illuminée d'arbres scintillants.

en forme de tubes se croisent en se superposant. Le musée a pour ambition d'être un espace de découverte de la création artistique moderne.

Située au pied de l'hôpital Belle-Isle, la tour du temple de l'ancienne garnison surgit des toits avec majesté.

Le dragon de Metz

« Il avait les oeilz plus grands que le ventre et la teste plus grosse que tout le reste du corps, avecque amples, larges et horifiques, machouères bien édentelées, tant au dessous comme au dessouls. » Même François Rabelais qui séjourna longuement à Metz croyait à l'effrayante histoire du dragon Graouilly qui hantait les ruines de l'amphithéâtre romain.

Heureusement pour l'auteur de *Gargantua*, le bon saint Clément prit le monstre avec son étole et le mena sur les rives de la Seille. Le dragon et toute sa suite de serpents disparurent à jamais dans les eaux de la rivière. Engagé par la ville comme médecin, Rabelais a peut-être rédigé le *Quart Livre* sur les pentes de la colline Sainte-Croix, près de la chapelle Saint-Genest où il résidait. On prétend, en effet, que le manuscrit fourmille de mots et d'expressions du patois messin.

Sur la trace des grands hommes

Dans l'imposant hall Pierre-Fourier de l'hôtel de ville de Nancy, on a gravé dans la pierre le panthéon lorrain. Une liste de grands hommes dont la gloire a largement dépassé les frontières de l'ancien duché : des souverains — René II, Charlemagne, Charles III —, des artistes — Jacques

BELGIQUE   LUXEMBOURG   ALLEMAGNE

ARDENNES
08
HAUTS DE MEUSE

Château de Mensberg
(Château de Malbrouck)

Thionville

Forbach

Verdun

Scy-Chazelles
Maison de
Robert Schuman

METZ
Maison natale de
Paul Verlaine

Sarreguemines

MOSELLE

LORRAINE   57

Musée
Georges
de la Tour

MEUSE   55

PLATEAU
DU BARROIS

Lac de
Madine

Étang de
Lachaussée

Château-Salins

Sarrebourg

Sampigny   Maison de
Raymond Poincaré

Bar-le-Duc   Commercy
Toul

NANCY   Place
Stanislas

Vaucouleurs

Lunéville   54

Roc de Taurupt
728

Grossmann
983

67   BAS-RHIN

Domremy-
la-Pucelle   Notre-Dame
de Bermont   Thorey-Lyautey

Maison natale
de Jeanne d'Arc   Basilique de
Bois-Chenu   Chamagne

Château de
Bourlémont   Neufchâteau   Butte
de Sion
("Colline inspirée")

Maison de
Claude Gellée
("Le Lorrain")

St-Dié

Lac de la
Pierre-Percée

HAUTE-MARNE
52

88
VOSGES

Épinal

Lac de
Gérardmer

Col du
Bonhomme
949

HAUTE-RHIN

Col de la Schlucht
1258

68

Le Hohnek
1362

Plombières-
les-Bains

1216   1247
Ballon de Servance   Ballon d'Alsace

Légende :
- ⛪ Édifice religieux
- 🏰 Château
- ■ Maison remarquable
- ★ Curiosité

0   20 km

Gravée dans la pierre d'un mur de l'hôtel de ville de Nancy, la liste des grands hommes de Lorraine.

Une des nombreuses statues de la « bergerette de Domrémy » édifiée en Lorraine. Celle-ci a été placée en face de la basilique Saint-Epvre à Nancy.

Callot, Georges de La Tour, Claude Gellée, Emmanuel Héré, Jean Lamour, Emile Gallé —, des hommes de guerre — Drouot, Lyautey, Ney, Oudinot —, des saints — Léon IX, Pierre Fourier, Jeanne d'Arc — et encore Maurice Barrès, l'abbé Grégoire, Henri et Raymond Poincaré, le baron Louis. Certains ont laissé des lieux ou des traces de leur inspiration et de leur génie.

Pour notre visite, le premier des grands hommes sera une femme : Jeanne la bonne Lorraine « qu'Anglais brûlèrent à Rouen » célébrée par Villon et canonisée par Rome en 1919, cinq siècles après le martyre du bûcher. Pendant la guerre de 14-18, la « bergerette » de Domrémy était l'espoir des poilus en symbolisant tout à la fois la lutte pour la reconquête

de l'Alsace-Lorraine, la foi salvatrice, le sentiment patriotique et l'unité nationale. Au point de devenir une véritable sainte laïque qui incarnait les « vertus de sa race ». Depuis, les aventures mystico-militaires de Jeanne ont inspiré des pièces de théâtre (on se souvient de l'interprétation de Sarah Bernhardt au début du siècle) et de très nombreux films, que ce soit au Japon, en Argentine ou en Russie. Entre-temps, elle a envahi la publicité, les cartes postales et les chromolithographies.

L'univers de sainte Jeanne

Cerné par les champs de blé, les vallons verdoyants et les bosquets, le petit bourg de **Domrémy-la-Pucelle** — deux cents habitants — est l'un des villages les plus célèbres de France. La campagne semble immuable dans sa sérénité bucolique. Jeanne d'Arc est née ici le 6 janvier 1412. Elle a été baptisée dans la petite église qui dresse sa tour du XIVe siècle près de la maison natale. L'église a été remaniée au XVIe siècle et agrandie en 1825. Le chœur est désormais établi à la place du porche, si bien que l'autel se trouvait sous la tour actuelle. Près des fonts baptismaux, une simple vasque en pierre sur laquelle fut tenue Jeanne, on retrouve une pierre tombale gravée des Thiesselin, alliés à la famille d'Arc.

Pour l'époque, la maison n'est pas misérable. C'est l'habitation type de « messieurs de campagne ». Sur la façade, le tympan qui date de 1481 porte l'inscription « Vive le labeur, vive le Roy Loys », les armoiries de la famille Thiesselin, le blason de France et celui offert par Charles VII. A l'intérieur (qui n'est pas meublé), une grande cheminée,

Jeanne d'Arc était-elle lorraine ?

Au début du siècle, on discutait ferme pour savoir si Jeanne était lorraine ou champenoise. « Ce qui est certain, écrit l'Académicien Gabriel Hanotaux, c'est qu'elle était française... La paroisse de Greux-Domrémy était disputée, en quelque sorte, entre les grands fiefs avoisinants et le royaume de France... Postérieurement à l'année 1343, Philippe de Valois, soit à la suite d'une pression exercée sur l'évêque de Toul, soit par le simple fait d'un échange, avait acquis la châtellenie de Vaucouleurs et les villages qui en dépendaient... Domrémy et Greux ne sont pas désignés dans l'acte de cession. Mais ce qui est certain, c'est que ce pays fut considéré, par la royauté et par ses propres habitants, comme faisant désormais partie du royaume... Que la maison du père de Jeanne d'Arc fût située sur la partie du village réclamée directement par la couronne, ou qu'elle fût située sur la partie qui relevait du duché de Bar, elle est, de toute façon, terre française ; seulement, dans le premier cas, elle relève directement du Roi, tandis que, dans l'autre cas, elle en relève comme arrière-fief. »

Au XVᵉ siècle, l'auteur du Mystère d'Orléans met dans la bouche du roi Charles VII qu'elle est « venue de terre lointaine, de Barois, pays de Lorraine ».

Un vitrail de la basilique de Bois-Chenu représente Jeanne en armure partant au secours du roi de France.

Domrémy, le village le plus célèbre de France, a vu naître Jeanne d'Arc le 6 janvier 1412. Il est niché au creux de champs tout proches de la Meuse.

Les soirées de la famille d'Arc se passaient autour de cette vaste cheminée.

la chambre natale, celle de Jeanne et de sa sœur Catherine, celle de ses trois frères. Dans le jardin, la bergère de Domrémy a entendu la « voix » qui lui révélait sa mission : aller vers le dauphin et le conduire à Reims.

A 2 kilomètres de Domrémy, la **basilique de Bois-Chenu,** où l'on vient en pèlerinage le deuxième dimanche de mai, marque l'emplacement où Jeanne entendit les voix de sainte Catherine. L'édifice, plus imposant qu'harmonieux, a été bâti

en 1892 par l'architecte Paul Sédille. Des peintures murales représentent les épisodes pompeux de la vie de la Pucelle. Au pied de la basilique, à proximité du couvent des Carmélites se trouve la fontaine des fiévreux, aux abords de laquelle poussait l'arbre des fées.

Plus loin, la Meuse a élargi sa vallée où alternent fleurs et prairies. **Vaucouleurs,** c'est le val des couleurs. Tout rappelle l'épopée de la bergère de Domrémy qui se rendit auprès du sire de Baudricourt pour demander armes et montures : la porte de France toujours intacte (un grand tableau de Sherrer situé dans la salle des mariages de l'hôtel de ville représente le départ de Jeanne), le Christ de Septfonds en cœur de chêne devant lequel Jeanne s'est recueillie avant son départ, la statue en pierre de Notre-Dame-des-Voûtes située dans la crypte de la chapelle castrale (on est sûr que la sainte venait l'implorer), une statue équestre provenant d'Alger (un bronze des années trente).

Ne pas manquer l'admirable musée Jeanne-d'Arc qui rassemble

Cette demeure simple aux murs épais est la maison natale de Jeanne d'Arc. La bergère de Domrémy est née dans une famille de paysans aisés.

La basilique de Bois-Chenu a été bâtie à l'emplacement où Jeanne entendit les voix lui demandant de délivrer la France et de sauver le roi.

près de trois cents pièces consacrées à la Pucelle : céramiques, sculptures, dessins, maquettes, cartons de vitraux, affiches, etc. Dernière acquisition : *Jeanne d'Arc au sacre*, un bronze à patine brune de Prosper d'Epinay.

Dans un autre registre, Vaucouleurs célèbre le souvenir d'une autre Jeanne, Jeanne Bécu, comtesse du Barry, femme de cour, maîtresse royale et amie des arts.

Voir aussi **Notre-Dame de Bermont**, une petite chapelle du XVe siècle situé à proximité d'une source au milieu du bois de Brixey, où Jeanne se rendait chaque samedi et le château des sires de **Bourlemont**, seigneurs de Domrémy. Cette imposante forteresse domine la vallée de la Meuse.

Le village de Vaucouleurs était gouverné par le sire de Baudricourt. C'est ici qu'il reçut la visite d'une bergère de 16 ans le 13 mai 1428.

DANS LE CALME DE
CETTE DEMEURE LORRAINE
ROBERT SCHUMAN
A JETE LES BASES DE
L'EUROPE UNIE, GAGE DE
PROSPERITE ET DE PAIX
DANS LE MONDE

Robert Schuman s'était installé dans cette solide maison lorraine où il mena jusqu'à sa mort une vie austère.

Ci-contre :
Le bureau de l'ancien président du Conseil. Ses objets cultes : un piano et son large fauteuil en cuir fauve.

A l'entrée, la canne et le chapeau du « père de l'Europe » sont toujours accrochés au portemanteau.

La maison du père de l'Europe à Scy-Chazelles

Robert Schuman repose sous une simple dalle de pierre posée dans le chœur d'une chapelle fortifiée du XIIᵉ siècle à Scy-Chazelles, un hameau niché sur le versant du Saint-Quentin, près de Metz. De l'autre côté de la rue, se trouve la propriété que Robert Schuman avait achetée en 1924. Une construction austère pour un personnage emblématique : plusieurs fois ministre, président du Conseil en 1947, organisateur des premiers élans de l'Europe, mort en 1963 dans une certaine indifférence. La maison est une solide demeure lorraine ouvrant sur un parc sans fantaisie. Sa canne et son chapeau sont toujours accrochés au portemanteau de l'entrée. De plain-pied, la cuisine, la salle à manger et quelques pièces en enfilade. Au premier étage, une bibliothèque soigneusement rangée avec ses diplômes et ses décorations (la grand-croix de la plupart des ordres européens, hormis la France !), son bureau, son imposant fauteuil en cuir où ses derniers visiteurs l'ont vu méditer, et sa chambre, d'une simplicité monastique. Dans le parc, on a édifié une statue de Lechevallier

symbolisant la flamme européenne. Robert Schuman est né en 1886 dans la Lorraine allemande d'une mère luxembourgeoise et d'un père lorrain. La famille Schuman s'était soustraite à l'annexion en s'installant dans le Grand-Duché. Son itinéraire est celui de nombreux Lorrains malmenés par l'histoire : études de droit en Allemagne, avocat à Metz en 1912, député de la Moselle au Parlement français en 1918, sous-secrétaire d'Etat pour les Réfugiés en 1940. Arrêté par la Gestapo, il s'évade et rejoint la zone libre. Dans l'avant-propos de son livre *Pour*

l'Europe, il explique : « Les dures leçons de l'histoire ont appris à l'homme de la frontière que je suis à se méfier des improvisations hâtives et des projets trop ambitieux. » Robert Schuman était célibataire, il est mort sans postérité. La commune de Scy-Chazelles a racheté cette demeure où fut inventée l'Europe.

La résidence d'été de Raymond Poincaré à Sampigny

Homme de lettres, juriste, député, ministre, président du Conseil, président de la République de 1913 à 1920, Académicien, Raymond Poincaré est — avec son cousin le mathématicien Henri Poincaré — une grande figure de la Lorraine. Né à Bar-le-Duc en 1860, Poincaré a fait construire cette grande maison de style néo-Louis XIII à Sampigny sur un promontoire surveillant la vallée de la Meuse. Son vaste parc de 2 hectares est agrémenté d'un jardin à la française. Le Conseil général de la Meuse, qui a transformé la maison du président de la troisième République en musée biographique, a conservé un fonds de souvenirs et d'archives d'un grand intérêt.

Le château de Thorey-Lyautey

On vient surtout à Thorey pour admirer le salon arabe, fantaisie exotique qui rappelle les délires orientaux de Pierre Loti à Rochefort. Le maréchal avait décidé de reconstituer chez lui « un coin de son cher Maroc ». Rien ne manque : coussins, tentures brodées, tapis, céramiques, panneaux en cèdre sculpté, cuivres, tables basses, lustres en bronze, chapiteaux. Des artisans marocains sont venus dans la froide Lorraine réaliser ce décor des Mille et Une Nuits sous l'œil attentif de l'ancien résident général. On visite encore le

Un portrait de Lyautey en 1916. Il porte les plus hautes distinctions que la République accorde aux officiers généraux : la grand-croix de la Légion d'honneur et la médaille militaire.

salon d'Indochine et de Madagascar, plus discret et moins spectaculaire, les salles de réception, la chambre spacieuse où le maréchal s'est éteint le 27 juillet 1934, la vaste bibliothèque riche de seize mille volumes et le bureau chargé de souvenirs.

Hubert Lyautey appartient à la branche cadette d'une famille noble de Franche-Comté. Celui qui deviendra le proconsul légendaire du Maroc est né à Nancy en 1854. Ses longs séjours outre-mer — il est envoyé au Tonkin en 1894, devient l'adjoint de

Attenant au bureau du maréchal, la bibliothèque contient plusieurs milliers d'ouvrages et les portraits de ses illustres ancêtres dont celui d'Hubert Lyautey, général de division, sénateur de l'Empire. Dans le salon, un portrait de son trisaïeul Jean-Baptiste Guillaume de Monciel, mort dans la prison où il avait été enfermé pendant la Terreur.

Les sultans au château Thorey

Les visites du sultan du Maroc à Thorey-Lyautey ont des allures de partie de campagne. Elles donnent même l'impression d'aimables réunions familiales. Moulay Youssef, qui a régné sur le Maroc de 1912 à 1927, est le premier à faire le voyage le 18 juillet 1926. Ensuite, Sidi Mohammed Ben Youssef, futur roi Mohammed V, qui vient régulièrement en cure à Vittel, ne manque pas de rendre visite au maréchal. Lors de son dernier séjour à Thorey, il est accompagné d'un jeune prince de 5 ans, le futur roi Hassan II.

Réception du sultan Moulay Youssef à Thorey en juillet 1926 par le maréchal Lyautey.
© Centre d'Animation Culturel Historique Economique Touristique International LYAUTEY.

Gallieni à Madagascar en 1897, rejoint l'Algérie, le Maroc — le rapprochent plus intensément de sa terre natale. Le château familial de Crévic, près de Lunéville, a été brûlé par les Allemands en août 1914. Préférant ne pas reconstruire sur des souvenirs réduits en cendre, il choisit d'agrandir une maison héritée de sa tante Berthe Saulnier de Fabert à Thorey non loin de la « colline inspirée », haut lieu de l'âme lorraine. Il transforme donc cette gentilhommière du XVIIIe siècle en y faisant ajouter deux ailes, une petite tour carrée et un passage avec des arcades franchissant la cour de l'ancienne demeure. Le hall d'honneur a été construit aux mesures d'un monumental escalier de Jean Lamour, provenant du château de Vandeléville. Les travaux vont durer quatre ans et l'ensemble tel qu'il apparaît aujourd'hui compte près de soixante pièces. Le parc, bordé par le cours du Brénon, a été agrémenté d'une pièce d'eau et de statues de Guibal.

Thorey-Lyautey a été sauvé in extremis du naufrage dans les années quatre-vingt. Abandonné par les héritiers du maréchal qui ne pouvaient pas faire face aux lourdes charges d'entretien et par le Conseil général qui n'était pas décidé à honorer la mémoire de Lyautey, le château a été racheté, ainsi qu'une partie de son contenu, par l'Association nationale Maréchal-Lyautey, présidée par le colonel Geoffroy.

La colline où souffle l'esprit

Auvergnat par son père, lorrain par sa mère, Maurice Barrès est né à Charmes le 19 août 1862. A 9 ans, il assiste aux humiliations de la défaite et à l'occupation de son village. Elu à 27 ans député boulangiste et socialiste de Nancy, il connaît ensuite de nombreux déboires électoraux qui n'entament pas sa vocation d'écrivain (il entre à l'Académie française en 1906 au siège de José Maria de Heredia). Ce « peintre de l'âme » devient la voix de la Lorraine, bastion du patriotisme meurtri, mais éternelle. La Lorraine lui parle, il parle à la Lorraine. Dans *La Colline inspirée*, il fait revivre la quête de trois prêtres qui s'étaient donné pour mission « de relever la vieille Lorraine mystique et de ranimer les flammes qui brûlent les sommets ». Paru à la veille de la Grande Guerre, le livre a un retentissement considérable. Aujourd'hui, le souvenir de l'écrivain lorrain est rappelé par une lanterne des morts érigée sur une butte de Sion, au lieu-dit du Signal de Vaudémont, là où, deux mille ans plus tôt, les Celtes adoraient les dieux de la guerre et de la paix (l'emplacement a été choisi par le maréchal Lyautey).

Réalisée sur le modèle des lanternes d'Aunis et de Saintonge, celle-ci mesure 22 mètres de haut. Elle est flanquée de onze colonnes, de treize colonnettes au pavillon et surmontée d'une pyramide à quatre pans. Sur le socle, trois citations de Barrès « à ceux

Elevée à la mémoire de Barrès, la lanterne de Sion n'a jamais été allumée.

« La Colline inspirée »

« ... Un beau fruit s'est levé au sein de la colline. Dans ce vaste ensemble de pierrailles, d'herbages maigres, de boqueteaux, de halliers toujours balayés du vent, tapis barbare où depuis des siècles les songeries viennent danser, il est un coin où l'esprit a posé son signe. C'est la petite construction qu'on voit là-haut, quatre murailles de pierres sur une des pointes de la colline. L'éternel souffle qui tournoie de Vaudémont à Sion jette les rumeurs de la prairie contre cette maison de solidité, et remporte un message aux friches qu'il dévaste.
— Je suis, dit la prairie, l'esprit de la terre et des ancêtres les plus lointains, la liberté, l'inspiration. Et la chapelle répond :
— Je suis la règle, l'autorité, le lien ; je suis un corps de pensées fixes et la cité ordonnée des âmes... » (Maurice Barrès, *La Colline inspirée*).

Le salon arabe. Ce « coin de son cher Maroc » a été réalisé par des artisans marocains dans un grenier du château de Thorey sous l'œil attentif du maréchal.

**La Femme à la Puce,
Georges de La Tour.**
© musée Lorrain, Nancy.
Ph. P. Mignot.

qui demeurent, dans la tombe, les gardiens et les régulateurs de la cité ». Inaugurée le 23 septembre 1928 en présence de deux anciens présidents de la République (Poincaré et Millerand) et d'un aréopage de princes, généraux, évêques et parlementaires, la lanterne des morts n'a jamais été éclairée. A la pointe de cette « faible éminence sur une terre la plus usée de France », on peut admirer l'un des plus beaux paysages de la Lorraine : des champs, des bois, des bosquets ponctués de quatre-vingt-sept villages. On dit que, par beau temps, les neiges éternelles du mont Blanc apparaissent dans un halo bleu.

La maison natale de Claude Gellée

Un usoir pavé sépare la maison natale de Claude Gellée qui est l'un des rares exemples de l'habitat lorrain d'avant la guerre de Trente Ans : un grand volume disponible sous la toiture, des pièces en enfilade, des encadrements en bois pour les portes et les fenêtres. Elle a été probablement construite vers la fin du XVIe siècle dans le petit village de Chamage à quelques kilomètres de

Charmes sur la rive droite de la Moselle. Chamagne était jusqu'à la fin du XIXe siècle la patrie des colporteurs. Les Lorrains bientôt rejoints par des Alsaciens, des Savoyards et des Gascons sillonnaient les campagnes en proposant des objets de piété et de menus articles : images d'Epinal, boutons, verrerie, aiguilles et instruments de musique.

Claude Gellée, né ici vers 1600 dans une famille de paysans, devient rapidement un artiste réputé qui assure les commandes des papes Urbain XIV, Clément IX et du roi d'Espagne. Il travaille à Naples, à Venise, en Allemagne, entre à l'atelier de Claude Deruet, peintre des ducs de Lorraine, se lie d'amitié avec Nicolas Poussin en Italie. Mais il reste « le Lorrain », maître de l'eauforte, des paysages précieux riches en détails de l'histoire sainte et de la mythologie gréco-romaine.

La maison natale de Claude Gellée a été donnée au département des Vosges par la famille Corbin qui était propriétaire des *Magasins Réunis* de Nancy. Depuis, on y organise des évocations de son œuvre et des expositions de peintures inspirées par la Lorraine.

Ne pas manquer de voir l'église de Chamagne et sa **pietà** du XVIe siècle.

Georges de La Tour, le faiseur de lumière

Fils d'un boulanger de Vic-sur-Seille, au cœur du pays saulnois, le maître du clair-obscur est né dans les dernières années du XVIe siècle. Après un long oubli, le « peintre des nuits mystiques » sera redécouvert vers 1915 quand l'Allemand Hermann Voss entreprendra d'établir le lien entre Georges de La Tour et un certain nombre de tableaux anonymes. Reconstitué, ce puzzle miraculeux dévoile le plus talentueux et le plus mystérieux des peintres caravagesques français : une maîtrise magique de la lumière, de la méditation des âmes et de la mise en scène. « La Tour excellait dans les peintures de nuit, rapporte en 1751 Dom Calmet. Il présenta au roi Louis XIII un tableau de sa façon, qui représentait un *Saint Sébastien* dans la nuit ; cette pièce était d'un goût si parfait que le roi fit ôter tous les autres tableaux de sa chambre pour n'y laisser que celui-là. »

L'artiste lorrain deviendra « peintre ordinaire du Roy » et continuera jusqu'à sa mort à travailler dans son atelier de Lunéville.

Le Musée historique lorrain, dans le Palais ducal de Nancy, consacre une salle au peintre où l'on peut notamment admirer la *Servante à la puce*, la *Découverte du corps de saint Alexis*, *Saint Jérôme*, et *Un jeune fumeur*. L'hôtel de la Monnaie à Vic-sur-Seille expose *Saint Jean-Baptiste dans le désert* et le musée d'Epinal présente *Job visité par sa femme* et *Le Veilleur*.

Le château de Malbrouck

Quand Malbrouck s'en va en guerre, il préfère s'installer derrière de solides murailles. Planté sur un éperon rocheux au-dessus de la campagne lorraine à une lieue du Grand-Duché de Luxembourg et de la frontière allemande, la forteresse bâtie en 1414 par Arnold VI de Sierck prit le nom du duc anglais, bien que ce dernier (ancêtre de Winston Churchill) n'y passât que quelques jours. Venu apporter son soutien à la guerre de Succession d'Espagne, il installa son quartier général dans les murs du château le 3 juin 1705 et, sans nouvelles de ses renforts, plia bagages le 17 juin pour se réfugier à Trèves.

Comme la plupart des châteaux forts, celui-ci a subi tous les outrages de l'histoire : ravages, pillages, abandon. Dans les années soixante-dix, le château n'est plus qu'une belle ruine comme on les aimait dans les peintures romantiques.

En 1991, le Conseil général de la Moselle a donc cassé sa tirelire pour restaurer — voire reconstruire — l'édifice, avec l'aide de la Région, de l'Etat et de l'Union européenne. Résultat : un château féodal flambant neuf : quatre tours d'angle reliées entre elles par des courtines, un corps de logis à trois niveaux et une grande cour centrale. Une illustration exemplaire de l'architecture médiévale. Depuis son inauguration en septembre 1999 (avec l'exposition « La Toison d'Or »), le château de Malbrouck organise des expositions, des spectacles et diverses animations.

Voir aussi la maison natale de **Paul Verlaine** à Metz (2, rue Haute-Pierre). Le poète de *La Chanson d'automne* est né en 1844 « comme une menace de la Destinée qui l'a toujours ballotté », mais il vécut seulement jusqu'à l'âge de 7 ans dans cette maison dont la façade est ornée d'arabesques et de losanges fleuronnés. Sous le choc de la défaite de 1871, il écrira *Ode à Metz*, une des poésies des *Invectives*.

Planté sur un piton qui domine l'Allemagne et le Luxembourg, le château de Malbrouck a été reconstruit avec un grand souci d'authenticité.

Les hauts lieux de la foi

Aussi loin qu'on remonte dans le temps, la terre lorraine semble bénie des dieux. Ceux des druides et des druidesses, des Romains et des Gaulois. Puis les premiers saints chrétiens sortent des brumes de l'Orient et des légendes oniriques. Saint Clément, fondateur de Metz, terrasse le *Graoully* et ressuscite le roi, saint Nicolas fait des miracles, sainte Libaire, martyre décapitée, transforme en poussière les statues des

- 🏛 Édifice religieux
- ◼ Maison remarquable
- ★ Curiosité

0   20 km

dieux romains. Les croisés lorrains vont défendre le tombeau du Christ avec les troupes du Saint Empire ; Jeanne d'Arc sauve le royaume de France. Pendant ce temps, on bâtit des cathédrales, des églises fortifiées, des monastères. Les meilleurs artistes, les plus fins artisans travaillent pour la gloire de Dieu. La foi chrétienne traverse les forêts et déplace les collines. Témoins, tous ces sanctuaires éblouissants qui ont traversé les heurts et les malheurs des siècles. Sans doute, un miracle.

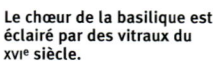

Les deux tours de la basilique dominent fièrement Saint-Nicolas-de-Port. Un don inattendu a sauvé du naufrage le plus grand édifice flamboyant de France.

Saint-Nicolas-de-Port, le cœur de la Lorraine

On prétend que c'est ici — dans la lumière chatoyante des vitraux de la basilique — que bat le cœur de la Lorraine. A quelques lieues de Nancy, le plus grand édifice flamboyant de France retrouve sa jeunesse : deux tours immenses (85 et 87 mètres, décrites par Maurice Barrès comme « deux grognards semblant monter la garde aux portes du Vermois ») ; trois portails surmontés de gables flamboyants et une statue représentant le miracle de saint Nicolas attribué à

Claude, le frère de Ligier Richier. A l'intérieur, le grand vaisseau, soutenu par une armée de solides piliers (les plus hauts de France), reçoit une lumière agréablement diffusée par des vitraux exécutés dans la première moitié du XVIe siècle.

Le chœur de la basilique est éclairé par des vitraux du XVIe siècle.

Saint Nicolas est célébré dans toute la Lorraine (défilé de chars et feux d'artifice sur la place Stanislas à Nancy, le premier dimanche de décembre) mais ces fêtes revêtent un caractère plus sacré à Saint-Nicolas-de-Port dès le samedi soir : procession aux flambeaux (son origine remonte à 1244, date de la libération du sire de Rechicourt), cérémonie nocturne dans la basilique au cours de laquelle sont exposées les précieuses reliques du saint (un bras-reliquaire en vermeil du XIXe siècle).

Image d'Epinal.
Extrait du livre « La légende de saint Nicolas », M.-J. Strich, Ed. Ouest-France, 1998.

Les miracles de saint Nicolas

On représente toujours saint Nicolas accompagné de trois petits enfants. Ceux qu'il a sauvés d'un saloir où les avait jetés un vilain boucher, après les avoir découpés en fines lamelles. Comme sa légende, la vie de saint Nicolas ne manque pas de sel. Né en Asie Mineure au IIIe siècle, évêque de Myre, il multiplie les miracles. De plus, on prétend qu'il est riche et généreux, ce qui augmente sa popularité. Au XIe siècle, des marchands italiens venus de la Turquie envahie rapportent son corps à Bari, dans les Pouilles. Premier culte, premiers pèlerinages, premiers miracles. Plus tard, un chevalier lorrain, Aubert de Varangeville, transporte une phalange du saint au village du Port qui deviendra Saint-Nicolas-de-Port. En Lorraine, la légende miraculeuse est née.

A Nancy, saint Nicolas distribue des bonbons aux enfants avant de recevoir les clefs de la ville.

Elle devient vite un mythe qui se répand dans les pays du Nord, de l'Est, et même outre-Atlantique. Quant à l'histoire du saloir, Pierre Laszlo, enseignant à Polytechnique et à l'université de Liège, déclarait au Républicain lorrain que cette légende était sans doute née « d'une sorte de calembour phonétique par assimilation entre Myra (Myre) et « muira », le mot latin qui désigne la saumure... Cette confusion a pu se doubler d'une autre avec la myrrhe, cet aromate qui servait, comme le sel, à embaumer les morts ». Quoi qu'il en soit, depuis des siècles, des milliers de pèlerins viennent chaque année dans la grande église, à la suite de Saint Louis, de Jeanne d'Arc et de René II.

Dernier miracle du saint en 1983 : un legs de sept millions de dollars offerts par une riche Américaine d'origine lorraine, madame Camille Croué-Friedman, pour restaurer le vaste sanctuaire.

Basilique Saint-Nicolas-de-Port, autel et bras reliquaire abritant un os de saint Nicolas.
Extrait du livre « La légende de saint Nicolas », M.-J. Strich, Ed. Ouest-France, 1998.

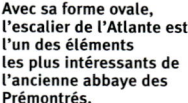
Avec sa forme ovale, l'escalier de l'Atlante est l'un des éléments les plus intéressants de l'ancienne abbaye des Prémontrés.

Les malheurs des Prémontrés

L'abbaye Sainte-Marie-Majeure appartenait à l'ordre de Prémontré, une assemblée de chanoines réguliers fondée par saint Norbert au XIIe siècle dans une clairière de la forêt de Saint-Gobain. Dès le début du XVIIe siècle, une première abbaye s'installe à Pont-à-Mousson. Et c'est le 21 mai 1705 que le duc François-Antoine de Lorraine pose la première pierre du bâtiment actuelle, au bord de la Moselle, non loin de l'illustre université jésuite (actuellement lycée Jacques-Marquette). Après le règne de Stanislas, un édit du roi de France chasse la Compagnie de Jésus, ce qui entraîne la disparition de nombreuses communautés reli-

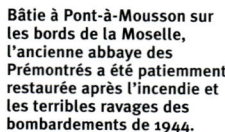
Bâtie à Pont-à-Mousson sur les bords de la Moselle, l'ancienne abbaye des Prémontrés a été patiemment restaurée après l'incendie et les terribles ravages des bombardements de 1944.

gieuses. Les bâtiments résistent tant bien que mal — c'est un séminaire sous la Restauration, un hôpital entre 1912 et 1944 — mais la dernière guerre provoque des dégâts considérables. Pour libérer le passage sur la Moselle tenu par des blindés allemands, Patton bombarde la ville. Un incendie ravage la bibliothèque et une grande partie des bâtiments dans la nuit du 3 septembre 1944.

Malgré cela, d'importants travaux de restauration menés jusqu'en 1974 ont redonné à l'ancienne abbaye des Prémontrés son allure de grand vaisseau posé sur la Moselle. Depuis, elle abrite un centre culturel. La visite commence par le cloître, un jardin clos par des galeries, autour duquel s'ordonnent les principaux bâtiments. Une succession de salles : chauffoir des chanoines, salle Saint-Norbert, réfectoire des chanoines, salle des stations, grande sacristie, etc. L'église abbatiale où se mêlent toutes sortes d'influences — baroque, gothique, classique — est constituée de trois nefs de même hauteur séparées par des colonnes. Les Prémontrés avaient la réputation d'apporter un talent particulier à la réalisation des escaliers, « si beaux, si commodes, si hardis », disait-on. L'escalier ovale de l'Atlante qui fait face à l'ancien réfectoire des religieux en est une belle illustration.

A Pont-à-Mousson, il ne faut pas manquer de traverser la Moselle par le pont Gelot pour admirer la place Duroc et ses belles maisons à arcades du XVIᵉ siècle, la maison dite des Sept Péchés capitaux, le château d'Amour et l'hôtel de ville.

Les manuscrits sacrés de Saint-Mihiel

Malgré tous ses drames — confiscation et vols sous la Révolution, abandon, destructions de la guerre de 14-18 — la bibliothèque de Saint-Mihiel a conservé depuis deux siècles une somme considérable de manuscrits dont les plus anciens remontent à la fondation de l'abbaye, sous les Carolingiens. Sur les neuf mille livres du fonds bénédictin, on a recensé notamment soixante-quatorze manuscrits du IXᵉ au XVIᵉ siècle et quatre-vingt-six incunables rarissimes (les premiers ouvrages imprimés du XVIᵉ siècle). Plus de six mille ouvrages qui ne traitent pas seulement de sujets religieux portent l'ex-libris manuscrit de l'abbaye bénédictine de Saint-Mihiel. Parmi les ouvrages les plus précieux, il faut citer le *Graduel*, un manuscrit exécuté en 1463 dans l'ate-lier du maître de Coëtivy ; le manuscrit dit d'*Alcuin*, un recueil de cinq traités de théologie du IXᵉ siècle ; ou encore, le manuscrit du *Voyage itinéraire et transmarin de la saincte cité de Jhérusalem*, richement orné de peintures par dom Loupvent, trésorier de l'abbaye. Pour ce trésor inestimable, la bibliothèque dispose de deux salles hautes de cinq mètres : la première est une pièce carrée, flanquée d'un plafond de stuc richement décoré et de boiseries de chêne sculptées au XVIIIᵉ siècle ; la seconde — la plus spectaculaire — mesure cinquante mètres de long et est éclairée par dix-sept fenêtres.

La grande salle de la bibliothèque de Saint-Mihiel mesure cinquante mètres de long. Elle conserve plusieurs milliers de livres rares.

La place Duroc est bordée de magnifiques maisons à arcades dont certaines remontent au XVIᵉ siècle. Duroc, ancien aide de camp de Bonaparte, était un enfant de Pont-à-Mousson.

67

Il a fallu trois siècles (du XIIIᵉ au XVIᵉ siècle) pour achever la cathédrale Saint-Etienne de Toul qui fait actuellement l'objet d'un plan ambitieux de restauration.

Toul, la cité épiscopale

De ses deux tours octogonales de soixante-dix mètres de haut, la cathédrale **Saint-Etienne** domine l'ancien évêché bordé par une boucle de la Moselle et le canal de la Marne au Rhin. Cet édifice, qui est l'objet de restauration depuis plus de soixante ans et mélange les influences champenoises, la Renaissance et le plus pur gothique flamboyant, a été entrepris dès 1221. Au chœur, élevé dès les premières années, on a adjoint la cathédrale et le cloître au cours des XIIIᵉ et XIVᵉ siècles, puis de nombreux ajouts, comme la chapelle des évêques de style Renaissance.

Le génie de Ligier Richier

Ligier Richier, natif de Saint-Mihiel, habitait dans cette même ville au 7, rue Hautes-des-Fosses. La plupart des œuvres de l'artiste se trouvent en Lorraine. Des calvaires en bois à Briey et à Bar-le-Duc, la Pâmoison de la Vierge à Saint-Mihiel ; des sculptures en pierre comme le Tombeau de Philippe de Gueldre à Nancy, la Pietà de l'église d'Etain, le Transi de Bar-le-Duc ou la Mise au tombeau (ou Le Sépulcre) à Saint-Mihiel. Cette dernière est un groupe de treize personnages légèrement plus grands que nature et figés au moment ultime de l'ensevelissement du Christ : Salomé prépare la couche funèbre ; Nicodème et Joseph d'Arimathie soutiennent le corps, Marie-Madeleine baise les pieds, Jeanne la Myrrophore tient la couronne d'épines ; la Vierge est soutenue par saint Jean et Marie Cléophée ; un ange qui tend la main vers la Vierge embrasse la croix et les instruments du supplice ; un centurion médite et deux soldats jouent aux dés la tunique de Jésus. Exécuté entre 1554 et 1564, Le Sépulcre est installé par Ligier Richier lui-même, à son retour de Genève, dans une chapelle du collatéral droit de l'église Saint-Etienne. Au cours des siècles, les visiteurs se font nombreux. On ne tarit pas d'éloges pour cette œuvre divine : « L'art semble y surpasser la nature » (Dom Ruinart) ; « Un ouvrage travaillé avec tant d'art et de délicatesse » (M. de la Condamine) ; « Le prestige en est tel que les yeux surpris croient y voir des êtres animés » (Chevrier) ; Victor Fournel vante le « réalisme noble et élevé » et Marc Lallement « une incroyable maîtrise du ciseau ».

Certaines des nombreuses pierres tombales du transept sont datées du XIVᵉ siècle. Faute de pénétrer à l'intérieur de Saint-Etienne (elle est enrichie de nombreux tableaux représentant les saints de Toul et d'un retable de l'*Adoration des bergers*), on se contentera d'admirer la très belle façade qui surplombe le parvis.

A quelques pas de la cathédrale se dresse une ancienne collégiale fondée à la fin du Xᵉ siècle par saint **Gengoult**. Le cloître qui a été ajouté au XVIᵉ siècle représente un ensemble très harmonieux de voûtes en étoiles et de baies gothiques.

La cathédrale des ducs de Nancy

En 1755, l'église du primat de Lorraine devenait une cathédrale. Bien après la mort du duc Charles III, son rêve était enfin exaucé. Travaux confiés à Mansard qui réalise les plans puis à Boffrand qui en assure l'exécution pendant quarante ans. D'une grande sobriété, l'église contient l'un des trésors les plus riches de France : l'étole de saint Charles Boromée ; l'évangéliaire,

l'anneau et le calice de saint Gauzelin, évêque de Toul au Xᵉ siècle.

Voir aussi à Nancy qui ne manque pas de sanctuaires, la basilique **Saint-Epvre**, exemple intéressant du néogothique. Après une décennie de chantier, l'édifice est enfin débarrassé de ses échafaudages. Saint-Epvre a été bâtie au XIXᵉ siècle par l'abbé Trouillet à l'emplacement de l'ancienne église paroissiale de la Vieille Ville. Pour témoigner leur gratitude, des vitraux les représentant ont été offerts par l'empereur François-Joseph d'Autriche et sa femme Elisabeth de Bavière (Sissi) ainsi que par Napoléon III et l'impératrice Eugénie.

Le cloître de l'église Saint-Gengoult à Toul. Un magnifique mélange de styles flamboyant et Renaissance.

L'imposante basilique Saint-Epvre, qui domine la vieille ville de Nancy, a été construite à la fin du XIXᵉ siècle. Parmi ses donateurs, la célèbre Sissi et l'empereur Napoléon III.

Metz illuminée par la « lanterne du Bon Dieu »

Située sur la place d'Armes, la cathédrale Saint-Etienne a été construite dans la pierre de Jaumont qui – au soleil couchant – embrase l'édifice d'une jolie teinte dorée. Mise en chantier dès le XIIIe siècle, elle est

La tour du temple de l'ancienne garnison à Metz. Au sommet de ce grand beffroi, les cloches carillonnaient les offices.

L'art du vitrail

Cette manière de jouer avec des morceaux de verres multicolores sertis de plomb a donné les plus éblouissants chefs-d'œuvre religieux. En Lorraine on a recensé plus de deux cents pièces magistrales dont les deux tiers datent du XVIe siècle. Une trentaine est antérieure au XVe siècle. Ce patrimoine important ne peut faire oublier les grandes verrières disparues à jamais et rêver aux splendeurs évanouies. Les causes : la fragilité du verre victime des fléaux naturels, des invasions, des destructions ou de l'indifférence (les cinq vitraux du XVIe siècle de l'ancien couvent des Sœurs Grises d'Ormes-et-Villes sont désormais la propriété du Metropolitan Museum of Art de New York). A cela s'ajoutent les restaurations désastreuses d'un XIXe siècle Triomphant qui s'était fait une certaine idée du Moyen Age et de la Renaissance. La Lorraine conserve malgré tout des œuvres capitales. Le plus

Une scène du Paradis terrestre réalisée par Marc Chagall pour la cathédrale de Metz.

ancien vitrail conservé dans la région est une crucifixion du XIIe siècle exposée dans l'église Sainte-Ségolène de Metz. Il faut aussi prêter attention aux vitraux de Valentin Bousch, l'un des plus célèbres artistes du XVIe siècle (voir notamment sainte Anne dans le croisillon sud de la cathédrale de Metz) ou à ceux des magiciens de la lumière comme Hermann de Munster ou Thiébaud de Lixheim. Au XIXe, le maître incontesté du vitrail est Charles-Laurent Maréchal, « peintre d'histoire, de genre et de portraits ». Enfin, des artistes contemporains renouent avec les anciennes traditions du vitrail. L'Ecole de Nancy développe sur le verre ses inspirations « naturelles », l'Art déco vante l'épopée des hauts fourneaux ou « le décrassage de la poche de coulée ». Enfin, Marc Chagall réalise trois verrières (dont les Scènes du Paradis terrestre) dans le chœur et le transept de la cathédrale Saint-Etienne.

située sur l'emplacement d'un oratoire miraculeusement épargné en 451 lors du sac de Metz par Attila. Ce qui ne l'empêchera pas de connaître d'autres désastres, comme l'incendie de 1877 et la tempête de 1960. Depuis 1945, d'importants travaux de restauration redonnent toute sa splendeur à cette cathédrale baptisée « la lanterne de Dieu », en raison des immenses verrières (plus de 6 000 m²) qui offrent un jeu de lumières et de couleurs d'une intensité magique. La nef est l'une des plus hautes de France (avec celle d'Amiens et le chœur de la cathédrale de Beauvais). Elle s'ouvre sur deux chapelles (celles du Saint-Sacrement et de Notre-Dame) et deux tours dont la célèbre **tour de Mute** (comme son nom l'indique, elle servait à « ameuter » dans les grandes circonstances). Le chœur et le transept — également flanqués de deux tours — représentent le travail le plus accompli des artisans des XVe-XVIe siècles. Dans la crypte, voisinent une *Mise au tombeau* du XVIe siècle, une tête sculptée du XVe siècle, le *Gueulard* et le *Graouilly*, monstre légendaire terrassé par saint Clément.

Mais l'église la plus ancienne de Metz et de France est sans doute **Saint-Pierre-aux-Nonnains.** On pense que la construction de cette palestre romaine qui se dresse au bord de l'esplanade de l'Arsenal remonte au IVe siècle. Elle devient, au VIIe siècle, l'église d'une abbaye fondée par sainte Waldrée. Au XVIe siècle, on l'incorpore à la citadelle dont elle devient un magasin militaire.

Dans la vieille ville, qui a connu une intense vie religieuse, on visitera aussi l'église **Saint-Maximin** (XIIe siècle) située rue Mazelle, façade ornée d'un portail baroque et chœur décoré de vitraux de Jean Cocteau ; l'église **Notre-Dame**, rue de la Chèvre, ancienne chapelle des Jésuites, fut le siège du club des Jacobins sous la Révolution ; la **chapelle des Templiers**, vestige de la Commanderie des Templiers, rue de la Citadelle ; l'église **Saint-Eucaire**, rue des Allemands (elle accueille chaque année le pèlerinage de saint Blaise) ; le **Temple Neuf** et la **synagogue** du XIXe siècle, rue du Rabbin-Elie-Bloch.

Les églises du pays messin

Comme l'église de Sillegny (voir encadré), la petite église de Lorry est un exemple intéressant des sanctuaires fortifiés du XIIe siècle dans le pays messin. Située à Lorry-Mardigny à quelques kilomètres de Metz, elle est classée monument historique depuis 1889. Bien entendu, elle a été modifiée au cours des siècles autour d'une abside polygonale voûtée, d'un chœur soutenu

La cathédrale Saint-Etienne de Metz est l'une des plus belles de France. Elle a été baptisée « la lanterne du Bon Dieu » en raison de son immense verrière : six mille cinq cents mètres carrés de vitraux.

Construit pendant la période de l'Annexion, le temple Neuf, un solide édifice de style néo-roman rhénan, devait remplacer l'ancien temple de garnison.

par une croisée d'ogives, d'une nef centrale et d'une tour carrée. On a d'abord
ajouté un bas-côté nord, puis l'édifice a
été progressivement fortifié, comme la
plupart des églises du pays messin, à
partir du XIVe siècle : construction d'une
tour ronde flanquée d'archières et d'un
étage de défense garni de meurtrières.
A la fin du XIXe siècle, on a repris les
fresques des trois absides sur la base de
quelques traces de peintures du XVIe
siècle. Ainsi, d'autres églises fortifiées
parsèment le pays. Citons : Notre-
Dame à Ancy-sur-Moselle, Saint-
Arnould à Arry, Saint-Hilaire à Jussy,
Saint-Clément à Lorry-lès-Metz, Saint-
Martin à Marieulles, Sainte-Brigide à
Plappeville, Saint-Rémy à Vaux.

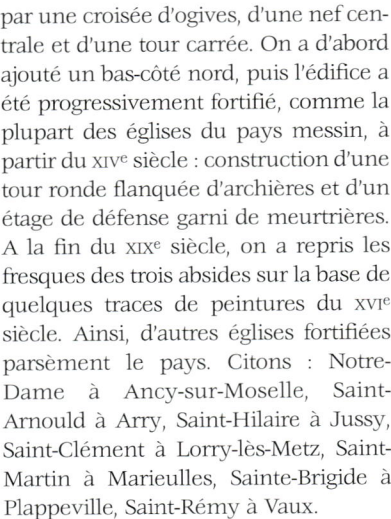

A la manière d'un arbre
généalogique, cette fresque
enseigne l'histoire de
l'Eglise.

La chapelle Sixtine lorraine

C'est une petite église percée de
meurtrières et flanquée d'un solide
clocher carré. Une chapelle fortifiée
perdue dans la campagne verte du pays
messin à quelques kilomètres au sud de
Metz, dans le bourg de Sillegny. La nef
gothique date du XVe siècle. Les
peintures ont été réalisées vers 1540
alors que François Ier règne sur la France
et le duc Antoine sur la Lorraine par un
peintre ambulant qu'on imagine venu
d'Italie. Ces fresques, qui ont été peintes

L'église de Sillegny, dénommée « la chapelle Sixtine lorraine », révèle aujourd'hui un magnifique catéchisme en couleurs qui défile sur les voûtes et les murs. C'est l'œuvre d'un peintre inconnu contemporain de Michel-Ange.

à la détrempe, ont conservé une fraîcheur naïve et émouvante. Elles devaient représenter le catéchisme raconté aux Sillegnois en bande dessinée. Rien ne manque : le Jugement dernier, le paradis et ses anges, l'enfer et ses diables, l'arbre de vie, l'histoire du Christ, de la Vierge, des apôtres et tous les saints. Même le curé en surplis, les gens du pays en coiffes blanches et houppelandes de laine parcourent avec une jubilation sacrée les murs de la petite église messine. Enduites d'un badigeon blanc par un curé austère — cela a sûrement mis à l'abri pour longtemps cette œuvre unique —, les fresques ont été découvertes en 1845 à l'occasion d'un nettoyage des murs. La petite église de Selligny, qu'on baptise aujourd'hui « la chapelle Sixtine lorraine », est contemporaine de celle de Rome peinte trente ans plus tôt par Michel-Ange.

Tous les saints vénérés au XVe siècle ont été immortalisés sur les murs de l'église de Sillegny.

Portail ouest de la basilique Notre-Dame-d'Avioth. La façade principale du sanctuaire est ornée des principales scènes de l'Evangile.

Le cloître de la cathédrale de Verdun. Trois magnifiques galeries ciselées dans la pierre.

Verdun, la cathédrale de mille ans

En mille ans, la cathédrale de Verdun a dominé la vie politique et religieuse de la place forte. Située au point culminant de la ville, sa construction remonte au XIe siècle, après l'incendie de 1048 : un style rhénan nettement marqué par l'époque romane, deux transepts et deux chœurs (dont l'un, un peu plus tardif, est d'inspiration bourguignonne).

Au cours des temps, le sanctuaire va se modifier sensiblement : l'incendie de 1755 va apporter à l'ancien édifice une décoration néo-classique et l'ajout de boiseries ; la restauration qui a suivi les bombardements de 1916 va permettre de retrouver la partie romane de la cathédrale dissimulée au XVIIIe siècle. Voir le portail de l'Officialité d'époque romane et le cloître qui s'ouvre sur le flanc sud de la cathédrale. Deux de ses galeries sont d'un élégant style flamboyant.

Les pèlerinages de Notre-Dame d'Avioth

Au XIIe siècle, des bergers découvrent dans les champs une statue de la Vierge. Elle aurait été sculptée par des anges et déposée dans des buissons non loin de Saint-Brice, un petit village de quelques âmes, qui, aujourd'hui, n'existe plus. C'est promis, une église sera édifiée en l'honneur de Marie dans ce lieu bien discret, tout au nord de la Meuse. Les miracles se multiplient, les pèlerinages aussi. Chaque année, le 16 juillet, une foule de pèlerins prend la route de Notre-Dame-des-Champs à Avioth, consacrée basilique en 1993. Certaines sources affirment que l'église servait, dans les temps anciens, d'étape aux pèlerins de Saint-Jacques-de-Compostelle.

Notre-Dame d'Avioth est une belle construction en pierre dorée édifiée entre le XIIIe et le XVe siècle. Le portail ouest représente, ciselés dans la pierre, la Passion du Christ et le Jugement dernier, le portail sud évoque la vie de la Vierge et l'enfance de Jésus. Chef-d'œuvre unique de ce sanctuaire : la Recevresse, située au sud et adossée à l'enceinte de l'ancien cimetière. Ce lieu d'offrandes est un édifice hexagonal de style flamboyant, une véritable dentelle de pierre ajourée de tous côtés et surmontée d'un petit clocher.

Le rocher de Dabo

Bruno de Dabo, saint de l'Eglise, pape sous le nom de Léon IX et descendant en ligne directe de sainte Odile, surveille les sommets des Vosges gréseuses de son promontoire en roche ocre : le rocher Saint-Léon. Une petite chapelle lui a été consacrée. Sa statue trône dans la tour face aux toits pointus du village de Dabo. De là-haut, le paysage est immense et superbe : forêts sans fin, mamelons verdoyants, vallées cachées. L'histoire — elle est trop belle pour être fausse — rapporte que sur le chemin du conclave qui devait lui conférer la dignité papale, les coqs du pays chantaient « Léon pape ».

Notre-Dame, « Duchesse de Sion »

C'était déjà le lieu de culte des Celtes et des tribus gallo-romaines. On y adora tour à tour Wotan, Odin, Mercure et Rosmerta (déesse celte de la fécondité). A l'instar de Chartres, Notre-Dame de Sion, « souveraine de la Couronne de tous les sujets de Lorraine », est aujourd'hui un lieu de pèlerinage important qui rassemble chaque « quinzaine mariale » de septembre et en mai des foules de fidèles. Depuis mille ans — saint Gérard, évêque de Toul, a dédié une première église au culte de la Nativité de Marie vers 971 — prières et pèlerinages se succèdent sur la colline de Sion. On met ainsi sous la protection de la « Duchesse de Sion » les croisés qui guerroient en Terre sainte, les princes et le peuple. Tous les ducs de Lorraine jusqu'à Stanislas viennent s'y recueillir. Enfin, depuis 1870, Notre-Dame de Sion devient le lieu symbolique des souffrances et du patriotisme lorrains. Continuellement remaniée, l'église date surtout du XVIIIe siècle. L'abside, qui a été restaurée, dénote une architecture du début du XIVe siècle ; la grande tour de quarante-cinq mètres appuyée sur le porche de l'église et surmontée d'une immense statue de la Vierge fondue à Vaucouleurs a été édifiée entre 1858 et 1869 après la proclamation par le pape du dogme de l'Immaculée Conception.

A l'intérieur, la statue gothique de la Vierge dite « à l'alérion » (elle porte un oiseau blanc dans la main droite) provient du château de Vaudemont. Les femmes de Sion lui ont offert une couronne de vermeil et de pierreries.

Sculpté dans le bois au XVIe siècle, cet angelot surplombe la chaire de la basilique Notre-Dame d'Avioth.

Une procession du pèlerinage de Notre-Dame de Sion, au début du siècle.
Collection Père Jean Goulard.

A la source des eaux vives

Les Romains avaient montré la voie de l'eau. Il suffisait de retrouver les vertus des sources perdues dans les profondeurs du sous-sol pour se plonger dans les délices aquatiques des légions de César. Après la civilisation des eaux miracles, des eaux mondaines et des eaux coloniales, on découvre avec bonheur que la médecine de l'eau est bien douce et que la

Page de gauche :
A Vittel, les fontaines jaillissent sous les frondaisons du parc.

ALLEMAGNE

BELGIQUE
LUXEMBOURG

ARDENNES
08

HAUTS DE MEUSE
WOËVRE

Thionville

Forbach

Amnéville-les-Thermes

Verdun

Sarreguemines

METZ

MOSELLE

A 4

55
MEUSE

LORRAINE
57

Étang de Lachaussée

Lac de Madine

PLATEAU DU BARROIS

Étang du Lindre

Canal des Houillères

Bar-le-Duc

Commercy

Château-Salins

Sarrebourg

A 4

Toul

NANCY

Lunéville

983
Grossmann

BAS-RHIN
67

Roc de Taurupt

MEURTHE-ET-MOSELLE
54

728
Lac de la Pierre-Percée

Neufchâteau

St-Dié

HAUTE-MARNE
52

Vittel

Épinal

Col du Bonhomme
949

68

Contrexéville

Col de la Schlucht
1258
Le Hohnek
1362

HAUT-RHIN

Lac de Gérardmer

VOSGES
88

Plombières-les-Bains

Bains-les-Bains

Canal de l'Est

■ Station thermale

0   20 km

1215 1247
Ballon de Servance   Ballon d'Alsace

Vittel a conservé le luxe des Années folles. Le grand salon d'un ancien palace de Vittel en rappelle les splendeurs. Il est géré aujourd'hui par le Club Méditerranée.

culture du bien-être passe par les sources. La Lorraine, si riche en grandes stations, est l'une des premières régions thermales de France.

Vittel, cité jardin

On compare souvent Vittel à une île verte. Sans doute parce que cette petite ville « construite à la campagne » se noie sous les frondaisons, les grandes pelouses et les belles fleurs. A l'origine, un magistrat toulousain remarque que cette source vosgienne soulage ses coliques néphrétiques. En 1854, Louis Bouloumié achète la fontaine de Gérémoy (la Grande Source actuelle) : une station thermale est née. Pour soigner les rhumatismes, les maladies digestives et métaboliques. Ensuite, pour trouver le calme et le repos. On préfère alors parler de cure « anti-stress », d'« options santé » ou de « cure de boisson ». Ici, les buvettes ne sont pas des lieux de perdition, mais de jolies fontaines qui distribuent en direct l'eau jaillissant des profon-

deurs. La station combine donc les soins et le plaisir dans un cadre agréablement romantique. A la Belle Epoque, on a confié aux meilleurs architectes la construction de grands

Louis Bouloumié fit l'acquisition de la fontaine de Geremoy en 1854.

78

édifices dignes des ambitions d'une ville d'eau, une sorte d'Exposition universelle à la gloire des sources : le Grand Hôtel, l'Etablissement thermal (œuvre de Garnier, l'architecte de l'Opéra de Paris), le casino, la gare, un champ de courses, un théâtre et de beaux palaces. Une accumulation nostalgique de colonnades, de coupoles, de céramiques et de curiosités mauresques.

A voir dans les environs : la croix de mission de Darney avec sa belle vue sur les sommets des Vosges et la forêt domaniale de Darney-Martinvelle (à Darney, le président Poincaré proclama l'indépendance de la Tchécoslovaquie en juin 1918).

Contrexéville pétille

Située à quelques kilomètres de Vittel dans un aimable vallon où coule le Vair, Contrexéville appartient — comme sa voisine — au groupe Perrier-Vittel. Mêmes fastes romantiques : les

Les vertus de Contrexéville vues par un médecin de Stanislas

Dans son Mémoire sur les eaux minérales de Contrexéville, lu le 10 janvier 1760 dans la séance publique de la Société royale des sciences et des arts de Nancy, M. Bagard, premier médecin ordinaire du Roi, chevalier de l'ordre de Saint-Michel, note : « L'eau de cette fontaine qu'on pourrait, à juste titre, surnommer savonneuse et saxifrage, est très claire, limpide et transparente ; elle a le goût de rouille surtout à sa source, mais elle le perd quand elle est transportée

A la buvette de Contrexéville, ce cygne argenté délivre une eau aux vertus incomparables.

dans des bouteilles, puisqu'elle devient extrêmement douce, conservant sa limpidité et sa pureté... Nous rapporterons ici quelques exemples de guérisons avérées de ces sortes de maladies, mais notamment de la pierre et de la gravelle. Un garçon de Contrexéville, nommé Louis Guilgot, âgé de quatorze ans, qui jetait tous les jours des pierres grosses comme des pois et quelquefois comme des lentilles, a été parfaitement soulagé de ses douleurs, et entièrement guéri de sa maladie par les eaux minérales... Deux enfants de Contrexéville, âgés tous deux de cinq ans, attaqués de la pierre de la vessie, viennent de rendre chacun une pierre... Dans les maladies des reins, de la vessie, causées par la gravelle, dans les ulcérations et suppurations de ces mêmes parties, il est important de prendre ces eaux à la source, et avant que le soleil ait dissipé cette huile blanche pétrolique qui surnage à la surface de l'eau et qui a de grandes propriétés. »

CONTREXÉVILLE (VOSGES)

Le casino de Contrexéville au début du XXe siècle.

A l'entrée de Contrexéville, une succession de fontaines contemporaines fait jaillir l'eau des profondeurs de la terre.

L'établissement thermal de Contrexéville, avec ses colonnades et sa coupole, rappelle les goûts exotiques de la Belle Epoque.

fonction de leurs compositions et de leurs propriétés à différents moments de la journée. On rappelle que cette eau minérale, fraîche et légèrement pétillante, est riche en calcium et en magnésium. Donc particulièrement indiquée pour les maladies des reins et du foie. Et pour ce qu'on appelle pudiquement la surcharge pondérale, c'est-à-dire l'obésité. Déjà, à la fin du siècle dernier, les têtes couronnées se pressaient à Contrexéville pour réparer tous leurs excès : la reine Isabelle d'Espagne, la duchesse Wladimir (qui fera construire une chapelle où elle est inhumée), le grand-duc Constantin, le roi de Serbie.

Aujourd'hui, un nouvel établissement thermal a été reconstruit à l'intérieur du bâtiment historique. On y dispense dans un cadre ultramoderne des cures traditionnelles et toutes sortes de soins de forme, de santé et de détente.

thermes construits en 1908 dans un style néo-byzantin, le casino, inspiré par Charles Garnier, le théâtre et le Parc thermal apportent une touche d'exotisme à ce coin oublié des Vosges.

Pour la cure, la station offre cinq sources — Source Pavillon, Great Source, Légère, Reine-Lorraine et Souveraine — qui sont prescrites en

Dans les environs : l'amphithéâtre et les mosaïques gallo-romaines de Grand, Epinal, Mirecourt et Domrémy.

Les vapeurs de Plombières-les-Bains

Après Montaigne, illustre baigneur de Plombières, Voltaire attendait d'avoir « repris un peu de santé » pour s'en aller guérir. « J'y prendrais les eaux en n'y croyant pas... », disait l'insupportable philosophe. Ainsi, Plombières, baptisée cité impériale en raison de son plus célèbre bienfaiteur, distribue du fond de sa vallée escarpée les eaux très chaudes de vingt-sept sources riches en oligo-éléments, en gaz rares et en silice. Idéal, dit-on, pour soigner les rhumatismes et les maladies digestives. Aujourd'hui, le Bain

Stanislas, le Bain Romain et le Bain National se sont regroupés dans le complexe *Calodaé* pour offrir des cures de boisson et des parcours de santé : sudation, salle de céramiques chaudes, bains de boue, étuve aux huiles essentielles. Quant aux Thermes Napoléon, ils prennent en charge le traitement médical des troubles digestifs et la rhumatologie.

Coincé au creux d'un profond vallon, Plombières-les-Bains accueillait Voltaire et Napoléon III. Les Romains avaient découvert les vertus de ses sources chaudes.

Vue générale de Plombières au début du siècle.

Des millions de bouteilles

Captée dans le Parc thermal de Vittel, l'eau est acheminée par des canalisations en inox jusqu'à une usine d'embouteillage toute proche. Elle ouvre ses portes aux visiteurs du lundi au vendredi. Une douzaine de « soutireuses » emplissent à un train d'enfer une armée de bouteilles qui s'agglutinent en bataillons bien rangés. Tout est automatique : projection d'air stérile, remplissage, capsulage, étiquetage, conditionnement. Mêmes les bouteilles en plastique sont fabriquées sur place à partir de poudre thermoformée dans une vis sans fin chauffée à 200°. Total de la production annuelle : un milliard de bouteilles consommées dans le monde entier. Contrexéville propose aussi la visite de son usine où les performances sont tout aussi exceptionnelles : trente-six mille bouteilles à l'heure.

La buvette de Plombières-les-Bains. Située dans le complexe Calodae, cette fontaine Arts déco est le rendez-vous quotidien des curistes.

A partir de la ville où l'ingénieur Fulton procéda en 1802 aux premiers essais d'un bateau à vapeur sur l'Augronne, il est intéressant de se rendre dans les vallées de l'Augronne et de la Semouse ou de pousser jusqu'à Remiremont, l'ancienne cité du Chapitre des Dames Chanoinesses.

Bains-les-Bains des Romains

« Les eaux de Bains-les-Bains sont hyperthermales (30 à 53°), bicarbonatées, sodiques, faiblement radioactives, oligométalliques et riches en silice, explique le *Manuel du curiste*.

Grâce à leur action hypotensive, vasodilatatrice et sédative, elles sont particulièrement indiquées dans le traitement de l'artérite, de l'angine de poitrine, des troubles circulatoires, de l'hypertension, etc. » C'est du sérieux. Les Romains avaient déjà éprouvé les vertus de cette eau miraculeuse puisqu'on leur doit la découverte d'un lieu qu'ils avaient immédiatement baptisé *Balneum*. Aujourd'hui, onze sources jaillissent à une température variant de 25 à 51°. Un nouveau forage pratiqué au lieu-dit « La Forêt » a permis d'accroître sensiblement les débits des eaux. Mais la station des Vosges a vraiment décollé depuis quelques années à la suite de sa reprise par la Chaîne Thermale du Soleil.

Zen à Amnéville-les-Thermes

La plus récente et la seule station lorraine qui ne puise pas ses eaux dans les nappes des Vosges est située en Moselle, à mi-chemin de Metz et de Thionville. La source a été découverte en 1909 à l'occasion d'un sondage de recherche de houille entrepris par la société de Wendel au cœur d'une forêt de six cents hectares. Sans être vraiment exploité, le

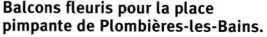
Balcons fleuris pour la place pimpante de Plombières-les-Bains.

site est sommairement aménagé. En 1979, on entreprend de creuser un nouveau puits à neuf cents mètres de profondeur. Il capte aussitôt une source baptisée Saint-Eloy (le patron des orfèvres et des sidérurgistes) : l'eau est chaude (41°), ferrugineuse, riche en sodium et magnésium. Un établissement thermal est créé car les eaux d'Amnéville se révèlent excellentes pour soigner les rhumatismes et les troubles des voies respiratoires. Autour du centre Saint-Eloy

s'installe rapidement un vaste complexe touristique comportant des hôtels, un golf de dix-huit trous, un casino, un aquarium géant, un parc zoologique. Enfin, on développe le nouveau concept d'une véritable cité de l'eau : *Thermapolis*. Une manière originale de récupérer les vertus des eaux thermales pour offrir une pratique « douce » de la remise en santé : parcours aquatique à 35°, bains orientaux, saunas finlandais, marbres chauds, jardin zen, etc.

Les thermes Napoléon de Plombières-les-Bains. Ils furent construits comme une cathédrale, en pierre de taille, par Napoléon III.

La grande piscine de Thermapolis à Amnéville-les-Bains. Elle offre un parcours aquatique dans une eau chaude et ferrugineuse.

La politique thermale

Napoléon III allait à Vichy pour soigner son foie et à Plombières pour régler ses problèmes digestifs. Une vieille tradition de la famille Bonaparte. Laetitia « Madame Mère », l'impératrice Joséphine, Joseph, Pauline, Louis, la reine Hortense venaient régulièrement prendre les eaux et respirer l'air balsamique des montagnes. Napoléon III, qui finit tout de même par être emporté d'un mauvais calcul, se rendait à Plombières escorté de ses généraux, des Cent-Gardes et du 30e de ligne. Profitant d'un séjour pour recevoir secrètement, au Pavillon des Princes, le comte Cavour, ministre du roi Victor-Emmanuel — le 21 juillet 1858 —, il se laisse gagner à la cause italienne. Résultat : une guerre compliquée et sanglante, le rattachement à la France de Nice et de la Savoie. Plus tard, en 1865, l'empereur accueille Bismarck qui veut s'assurer de la neutralité de la France en cas de conflit avec l'Autriche. Enfin, Napoléon III signe dans la cité vosgienne le décret de création des Tirailleurs sénégalais !

MARNE YSER
SOMME VERDUN

L'AURORE

Henri Royer

VISA Nº 12822   LAPINA. IMP. PAR

Champs de bataille de la Grande Guerre

Un peu d'histoire pour situer ces lieux de mémoire dans la plus grande épreuve française du siècle. Le 28 juin 1914, l'archiduc héritier d'Autriche-Hongrie, François-Ferdinand de Habsbourg, neveu de l'empereur François-Joseph, est assassiné à Sarajevo. Par le jeu des alliances, l'Europe s'embrase. Le 3 août 1914, l'Allemagne déclare la guerre à la France qui rêve de récupérer l'Alsace-Lorraine.

Légende des symboles :
- Fortification à la Vauban
- Ouvrages militaires intégrés à la ligne Maginot
- Autre architecture militaire
- ★ Site remarquable

0   20 km

1 Ossuaire de Douaumont
2 Tranchée des Baïonnettes
3 Centre Mondial de la Paix

Face au pont qui enjambe la Meuse, la porte Chaussée de Verdun. Ces deux tours rondes à créneaux défendaient l'entrée de la ville.

Particulièrement bien préparée et fortifiée — dix-neuf forts et dix-neuf ouvrages d'infanterie —, la région de Verdun est relativement épargnée pendant les deux premières années du conflit, à tel point que l'état-major français décide en 1915 de démilitariser les forts ! Le 21 février 1916, le général von Falkenhayn décide de saigner à blanc les troupes françaises. Objectif : Verdun, « le cœur de la France ». L'offensive est confiée au Kronprinz. Elle sera terrifiante. Une « guerre éclair » avant l'heure. Douaumont est enlevé ; le célèbre colonel Driant (gendre du général Boulanger, auteur à succès de romans d'aventures et de *La Guerre de demain*) est tué à la tête de ses Chasseurs au bois des Caures. En cinq jours, les Allemands sont aux portes de Verdun.

Pour desserrer cet étau, quatre brillantes attaques vont se succéder entre octobre 1916 et septembre 1917 — Mort-Homme, Côte 304, Douaumont-Vaux et Louvemont-Bezonvaux — mais il faudra attendre l'offensive franco-américaine de septembre 1918 pour libérer définitivement Verdun et la Meuse.

Témoins de ces années de larmes et de sang, ces champs de batailles sont les plus visités du monde.

Verdun, théâtre de l'héroïsme

Le 13 septembre 1916, Verdun reçoit la Légion d'honneur, la croix de guerre et six autres décorations des forces alliées. Elle devient la ville française la plus décorée. Récompenses offertes à une ville qui a résisté à l'un des assauts les plus furieux de tous les temps.

Bilan d'une hécatombe

Pour la France, la guerre de 14-18 aura coûté la vie à 1 357 800 soldats. À ce chiffre tragique, il faut ajouter 3 595 000 blessés (dont la moitié furent blessés deux fois), des pertes civiles et des destructions considérables. Les combats de Verdun ont saigné l'armée française : 300 000 morts en 141 jours. Dans ce conflit, la France fut la plus sévèrement touchée : pour cent hommes en armes, dix furent tués. Enfin, la guerre a coûté à notre pays 156 milliards de francs-or, treize départements ont été sinistrés, des milliers de ponts et de kilomètres de voies ferrées détruits, plus de vingt mille kilomètres carrés de terres cultivables dévastés, près d'un million d'immeubles et d'édifices anéantis.

Batterie de 75 sur le signal de Beauzé, Meuse. 6-13 septembre 1914.

Avec sa **citadelle souterraine**, Verdun est le poumon de la bataille qui s'engage. Avant de monter au front, les poilus trouvent une base logistique qui assure réconfort et sécurité. Ainsi, près de dix mille soldats vivaient enterrés dans les sept kilomètres de galeries. Dans l'écoute n°4, on cuisait vingt-huit mille pains par jour. Les souterrains de la citadelle abritaient encore un hôpital, une station de pompage, des magasins à munitions, des dortoirs, des réfectoires, une salle des fêtes et les services de l'état-major.

La citadelle avait été construite en 1624 sur l'emplacement de l'abbaye de Saint-Vanne, fondée en 952. Elle sera ensuite renforcée par Vauban qui va la relier à l'ensemble défensif afin de transformer la ville-frontière en ville de guerre. Au XIXe siècle et jusqu'en 1914, on va encore améliorer les fortifications : la citadelle est dotée d'un labyrinthe de galeries et d'une ceinture de forts ; des pièces d'artillerie doivent rendre la région imprenable.

Aujourd'hui, on visite cette ville souterraine où la température n'excède guère 12 °C même en été, à bord de petits trains autoguidés qui parcou-

rent une succession de tableaux animés par des mannequins, des photos projetées, des images virtuelles et des effets spéciaux représentant la vie des poilus.

Ce poilu figé dans la pierre fait face à l'Ossuaire de Douaumont. Il repose sur une couronne de lauriers.

L'Ossuaire de Douaumont

C'est la dernière demeure des 130 000 soldats anonymes morts au combat. Cette nécropole est un monumental mausolée construit sous l'égide de l'évêque de Verdun, mon-

L'Ossuaire de Douaumont a été élevé pour rendre un dernier hommage aux soldats français tombés sur les champs de bataille de Verdun.

Les derniers barbelés du fort de Vaux ont été les témoins des affrontements sanglants de la bataille de Verdun.

seigneur Ginisty, entre 1920 et 1932. Elle a été entièrement financée par des dons. Une longue galerie surmontée d'une tour des morts, haute de quarante-six mètres, domine les champs de bataille. A l'intérieur, les dix-huit alvéoles, représentant chacune un secteur des combats, surplombent les caveaux contenant les restes des combattants inconnus.

Face au sanctuaire, s'alignent les tombes de 15 000 soldats identifiés.

La tranchée des Baïonnettes

Des croix de bois et quelques baïonnettes dépassent de ce tumulus, une tranchée où fut ensevelie, le 12 juin 1916, à la suite d'un bombardement intensif, une compagnie du 137e régiment d'infanterie. Le monument qui recouvre la tranchée a été érigé en 1920 par des dons américains.

Centre mondial de la paix

Clemenceau avait dit : « La guerre est finie, il nous reste à gagner la paix. » Verdun, qui s'est attachée à développer les gestes d'amitié franco-allemande — on se souvient du geste de réconciliation du prési-

Le Soldat inconnu

Le 10 novembre 1920, huit cercueils sont alignés dans la citadelle de Verdun en présence d'André Maginot, grand invalide de guerre, ministre des Pensions, des Primes et des Allocations de guerre, de généraux et de prélats. Les corps ont été

Reconstitution du choix du Soldat inconnu dans la citadelle de Verdun.

extraits de tous les champs de bataille : Verdun, la Lorraine, le Chemin des Dames, l'Artois, la Champagne. Le 8 novembre, les députés avaient adopté une loi relative « à la translation et à l'inhumation d'un soldat français non identifié, fût-il le plus humble des citoyens, ouvrier ou patron, paysan ou bourgeois, illettré ou savant, patricien ou plébéien ». L'honneur de désigner le Soldat inconnu revient à Auguste Thin, engagé volontaire à 17 ans et fils d'un soldat mort pour la France.
Il va déposer un bouquet de fleurs tricolores sur le sixième cercueil (le deuxième de la rangée gauche). On dit que le jeune soldat a choisi un chiffre correspondant à l'addition du numéro du régiment (le 132e régiment d'infanterie) dans lequel il servait pendant la Grande Guerre. Le cercueil sera transféré à Paris, exposé une nuit sur la place Denfert-Rochereau, fera une halte au Panthéon à l'instant du transfert du cœur de Gambetta, et enfin sera déposé sous la voûte de l'Arc de triomphe après une bénédiction de l'archevêque de Paris. Le Soldat inconnu est descendu dans son caveau le 28 janvier suivant. Une plaque porte l'inscription : « Ici repose un soldat français mort pour la patrie. 1914-1918. » André Maginot, qui est devenu ministre de la Guerre, allumera pour la première fois la flamme le 11 novembre 1923. Depuis, elle ne cessera d'être ranimée quotidiennement. En Grande-Bretagne, le roi George V présida à une cérémonie identique dans l'abbaye de Westminster.

Restée en l'état, une chambrée du fort de Douaumont. Dans une atmosphère intenable, les défenseurs du fort passaient ici des nuits blanches.

dent français et du chancelier allemand sur le lieu des hostilités en
1984 —, accueille dans le palais
épiscopal un centre d'exposition, de
rencontres et de réflexion. Au pro-
gramme : la paix, la liberté et les
droits de l'homme.

Les forts de Douaumont et Vaux

Les forts de Verdun se visitent
dans le recueillement. Rien n'a
changé depuis les épreuves insup-
portables de la Grande Guerre. Si ce
n'est le calme et le silence fantoma-
tique des galeries et des pièces
nues, noires, humides. Des combattants français et allemands reposent
encore sous des éboulis et des effon-
drements.

Le **fort de Vaux** constitue le pilier
nord-est des fortifications de Verdun.
A l'origine, il est solidement doté de
deux casemates de Bourges armées
de canons de 75 mm. Les combats
vont être terribles : plus de huit mille
obus, des gaz, des lance-flammes
auront raison de la farouche résistance française.

Une plaque commémore l'exploit
du pigeon voyageur qui emporta le
dernier message du commandant
Raynal le 4 juin 1916 : « Nous tenons

La vie dans la
misère et la boue
des tranchées.
Une génération
entière
d'hommes a fait
ici un voyage au
bout de l'enfer.

Nouvelle arme
de la guerre
de 14-18,
la mitrailleuse
fauchait
des
compagnies
entières.

89

Une « cloche » du fort de Douaumont. Elle crachait de toutes parts un feu mortel.

toujours, mais nous subissons une attaque par les gaz et les fumées très dangereuses. Il y a urgence à nous dégager. Faites-nous donner de suite communication optique par Souville qui ne répond pas à nos appels. C'est mon dernier pigeon. » La défense acharnée de Vaux impressionne les Allemands : ils

Pétain, connais pas

Le 19 décembre 1918, sur l'esplanade de Metz, le Lorrain Raymond Poincaré, président de la République, remet le bâton de maréchal de France au général Philippe Pétain, commandant en chef des armées françaises.

En 1916, le général Pétain, 6o ans, commande l'armée de Verdun.

La France récompense ainsi les talents exceptionnels d'un homme qui a brisé l'offensive allemande à Verdun et mené les troupes à la victoire, en économisant les vies humaines. Pétain sera pour tous « le vainqueur de Verdun » et fera l'objet d'une popularité exceptionnelle. Jusqu'au naufrage de Vichy. Condamné à mort à la Libération, sa peine est commuée en détention à perpétuité. Il finira ses jours, presque centenaire, dans le terrible isolement de l'île d'Yeu en 1951. Aujourd'hui, son souvenir est quasiment absent de Verdun et des champs de bataille. Prononçant à Douaumont une allocution, le 29 mai 1966, à l'occasion du cinquantième anniversaire de la bataille de Verdun, le général de Gaulle rappelait que « ... ces dons de chef, Pétain les possède par excellence... Si par malheur, en d'autres temps, dans l'extrême hiver de sa vie et au milieu d'événements excessifs, l'usure de l'âge mena le maréchal Pétain à des défaillances condamnables, la gloire que, vingt-cinq ans plus tôt, il avait acquise à Verdun, puis gardée en conduisant ensuite l'armée française à la victoire, ne saurait être contestée, ni méconnue par la patrie ».

Pétain avait souhaité être enterré à Douaumont au milieu de ses hommes. Le général de Gaulle s'y est toujours opposé car il estimait que c'était contraire aux traditions militaires françaises. Le Maréchal repose à l'île d'Yeu au cimetière de Port-Joinville. Dans les années soixante-dix, le rocambolesque enlèvement de son cercueil se termina dans une confusion sans dignité.

rendent les honneurs militaires à la garnison et le Kronprinz reçoit le commandant Raynal.

A la différence de Vaux, les Allemands s'emparent de **Douaumont** sans combat. C'est également un fort solidement armé et il faudra des mois de luttes acharnées pour le reprendre. Les pertes seront considérables.

Le général lorrain Mangin reprendra Douaumont le 24 octobre 1916 et Vaux le 2 novembre 1916.

La Voie sacrée

Pour tenir et faire face aux combats furieux qui se déroulaient sur les côtes de la Meuse, les troupes françaises étaient embarquées à Paris — à la gare de l'Est — pour Bar-le-Duc. Elles empruntaient ensuite la seule voie d'accès qui ravitaillait Verdun en renforts et en matériels : la *Voie sacrée*, l'expression est de l'écrivain Maurice Barrès : « C'est la route sacrée, elle deviendra légendaire. »

Pendant les combats, une chaîne ininterrompue de camions — un toutes les quatorze secondes — emprunte

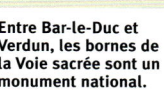

Entre Bar-le-Duc et Verdun, les bornes de la Voie sacrée sont un monument national.

sans relâche une route, défoncée, souvent réparée, parfois impraticable : la nationale reliant Bar-le-Duc à Verdun par Souilly. Au plus fort de la bataille, on transporte cinquante mille tonnes de munitions et quatre-vingt-dix mille hommes par semaine. « Seize bataillons de travailleurs soit huit mille deux cents hommes étaient employés à l'entretien de cette route de soixante-quinze kilomètres et à l'exploitation des carrières, rappelle Georges Blond. Ces hommes devaient jeter en dix mois entre 700 000 et 900 000 tonnes de pierres sur la route. Trois mille cinq cents camions allaient parcourir sur ce fameux tronçon un million de kilomètres par semaine, vingt fois le tour de la terre. »

Depuis, la Voie sacrée — devenue monument national — est la seule route nationale dispensée de porter un numéro. Chaque borne kilométrique est surmontée d'un casque et ornée d'une palme. Le mémorial de la Voie sacrée se trouve à Nixéville, au lieu-dit *Moulin-Brûlé*.

On peut également se rendre dans les fossés des fortifications de Verdun au **Carrefour des Maréchaux** (on a regroupé au pied des bastions seize statues de maréchaux et de généraux des guerres de 1870 et de 1914-1918) ; au **Monument à la Victoire**, un escalier monumental de soixante-treize marches creusées dans l'ancien rempart de Verdun et menant à une crypte surmontée

Ces vallonnements où la végétation reprend timidement ont été forgés par les bombardements intensifs des champs de bataille de Verdun.

Le « Bourdon » des 400 000 morts de Verdun de la Tour de l'Ossuaire de Douaumont « Louise-Anne-Charlotte ».
« Fondu par MM. Armand Blanchet et L. Bollée, transporté triomphalement sur camion de Paris à Douaumont par l'Arc de Triomphe de l'Étoile, Soissons, Reims, Chalons, Bar-le-Duc, Nancy, Metz, Saint-Mihiel et Verdun et baptisé le 19 septembre 1927 par Mgr Ginisty. »

Au sommet de la butte de Monsec, ce temple circulaire en pierre blanche rappelle les sacrifices de la 1re armée américaine.

d'une pyramide sur laquelle s'élève la statue d'un guerrier appuyé sur son épée. Dans la crypte, un fichier rappelle le nom de tous les combattants de Verdun ; à la **chapelle de**

Fleury-devant-Douaumont, située à l'emplacement de l'un des neuf villages effacés de la carte ; au **Mémorial de Verdun**, implanté également à Fleury (il a été inauguré par Maurice Genevoix, l'auteur des *Croix de bois* et restitue une grande collection d'armes et d'uniformes ainsi qu'une représentation du champ de bataille) ; au **Monument au lion**, marquant à Souville l'arrêt de l'avance allemande sur Verdun (en fait, les troupes ennemies ont encore franchi le fort de Souville et le ravin de la Poudrière) ; au monument dédié au souvenir d'**André Maginot**, député de la Meuse, blessé devant Verdun, le 9 novembre 1914.

A la mémoire des Américains

A **Varennes-en-Argonne**, sur le chemin de l'arrestation de Louis XVI, le Mémorial de Pennsylvanie, grandiose monument blanc dominant la vallée de l'Aire, rappelle l'aide décisive des troupes américaines à la victoire.

Le sacrifice des soldats américains est également honoré à **Monfaucon**,

La Guerre en Lorraine en 1914-1915
LAMATH. - Tombe de Soldats du 6e Alpins près du Cimetière

Sur sa tombe obscure et fière, / Pour récompense et pour prière, / Que voudrait-il que l'on gravât ? / Un soldat ! DÉROULÈDE.

« Sur sa tombe obscure et fière / Pour récompense et pour prière / Que voudrait-il que l'on gravât ? / Un soldat ! déroulède. »

une colonne de cinquante-huit mètres de hauteur, surmontée d'une statue de la liberté. Au sommet de la **Butte de Monsec**, un monument en forme de temple circulaire commémore les combats acharnés de la 1re armée américaine pour réduire le saillant de Saint-Mihiel.

HO SERVED IN THE GREAT WAR
BERATORS OF VARENNES 1918
CIATION OF THEIR SERVICE
BY THE STATE OF PENNSYLVANIA
927

Erigé à Varennes-en-Argonne par l'Etat de Pennsylvanie, ce monument imposant est dédié aux soldats américains de la Grande Guerre.

« Le Grand Meaulnes » est mort aux Eparges

Henri Alain-Fournier, sous-lieutenant au 228e régiment d'infanterie, est tombé aux Eparges le 22 septembre 1914 à l'âge de vingt-huit ans dans les premiers mois de la Grande Guerre. Les Eparges étaient une montagne de boue, un observatoire stratégique de premier plan. « Qui a les Eparges, disait-on, tient toutes les routes sous son feu. » Les combats furent particulièrement rudes et la crête ne fut reprise par les Français que le 10 avril 1915.

Le corps d'Alain-Fournier n'est retrouvé qu'en 1991 dans un sous-bois de Saint-Rémy-la-Calonne. Il repose au milieu de ses hommes dans la nécropole militaire du village. Un talent exceptionnel disparaissait ainsi dans la tourmente. Restaient un mythe et un chef-d'œuvre, « Le Grand Meaulnes », chronique romantique « d'un endroit le plus désolé de la Sologne » où se mêlent les rêves de l'enfance, les jeux et les saisons, une quête nostalgique de l'absolu.

93

Forteresses de Vauban à Maginot

Au cours des temps, les Marches de Lorraine ont expérimenté tous les systèmes de défense — les murs romains, les enceintes féodales, les châteaux forts, les citadelles à la Vauban, les rideaux défensifs de Séré de Rivières et les lignes continues —, à tel point qu'aujourd'hui, les frontières du nord-est de la France représentent un gigantesque musée en plein air des fortifications.

Accrochée à une colline longiligne, la citadelle de Bitche faisait l'admiration de ses contemporains.

Les ruines du château de Sierck-les-Bains sur les bords de la Moselle sont largement antérieures à Vauban. Le château a été dévasté par les Suédois pendant la guerre de Trente Ans.

Vauban, le crayon au son du canon

Les plus belles places fortes de Lorraine ont été réalisées ou inspirées par le maréchal du Roi-Soleil. Toutes n'ont pas résisté au temps. Ainsi, **Stenay**, fortifiée par Vauban,

sera démantelée quelques années plus tard sur l'ordre du roi. **Longwy** conserve seulement quelques vestiges. Les fortifications de **Thionville**, remaniées par les Français après le traité des Pyrénées, étaient surtout l'œuvre de l'ingénieur flamand de Charles Quint, Jacques Van Noyen. **Verdun** comme **Metz** et **Nancy** ont été très modernisées au XIXᵉ siècle. Quant à **Marsal**, elle a conservé quelques éléments de son mur d'enceinte et son imposante porte de France.

D'autres citadelles illustrent à merveille cette « ceinture de fer » du maréchal : élégante et fonctionnelle. Construite sous Charles Quint alors qu'elle faisait partie des Pays-Bas espagnols, la **citadelle de Montmédy** fut à la fois assiégée et modifiée par Vauban. Blessé trois fois pendant le siège — la place va tomber le 4 août 1657 après cinquante-sept jours d'assauts —, le commissaire aux fortifications va entourer la

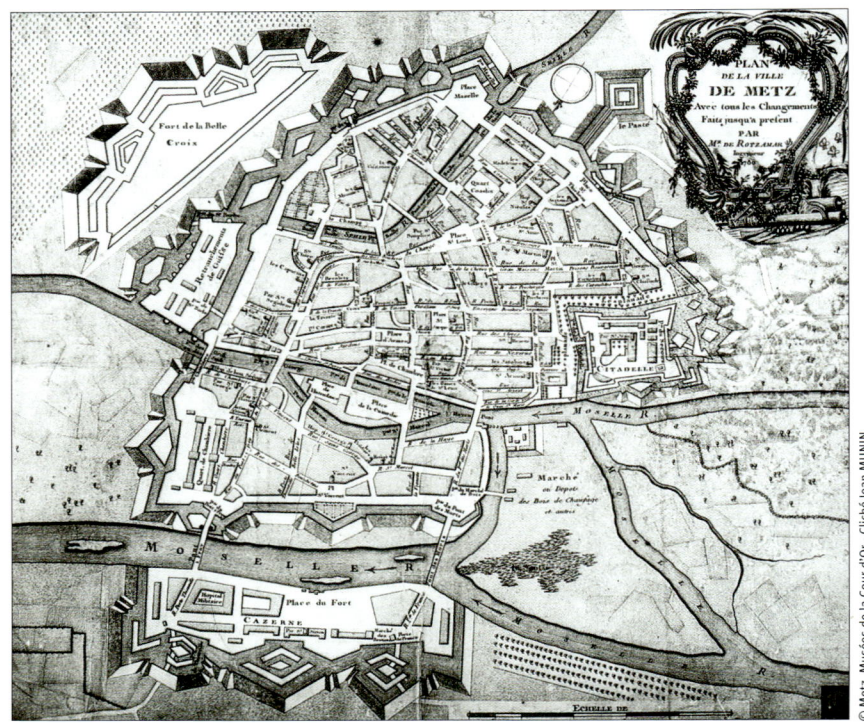

Le plan de Metz, 1780-1781. Largement modernisées au cours des siècles, les fortifications de Metz ont été démantelées par Guillaume II.

© Metz, Musées de la Cour d'Or - Cliché Jean MUNIN.

ville basse d'une enceinte et améliorer les défenses de la ville haute en élargissant les fossés et en surélevant les murailles. Bien défendue en 1870, la forteresse sera prise d'assaut dès les premiers jours de la guerre de 1914 et occupée en 1940.

La citadelle, qui a été vendue à la ville pour un franc symbolique, ouvre largement ses portes aux nouveaux envahisseurs, les touristes. Intéressant musée de la Fortification (plans, maquettes, documents d'archives).

La **citadelle de Bitche** a été érigée par Vauban entre 1681 et 1683. Elle représente un pur chef-d'œuvre de l'art militaire. Démantelée quelques années plus tard, cette forteresse inexpugnable, dressée sur un escarpement rocheux, fut reconstruite sur les murs de Vauban par l'un de ses élèves, l'ingénieur Cormontaigne. La place forte faisait l'admiration de ses contemporains et résista victorieusement à tous les sièges (1793, 1870 et 1945).

Ne pas manquer une visite au musée de la Citadelle qui expose le plan-relief exécuté en 1794, une image fidèle de la cité et de son fort à la fin du XVIIIe siècle.

Lorsque Vauban s'intéresse à la défense de **Toul** en 1700, la fortification de l'Evêché a déjà connu plusieurs transformations. L'architecte-stratège élabore un projet de plan d'enceinte bastionnée avec trois portes d'accès. Après la construction

Les remparts de la citadelle de Vauban à Montmédy. Le commissaire aux fortifications de Louis XIV sera blessé trois fois pendant le siège de la ville.

Les bons plans de Vauban...

Sébastien Le Preste de Vauban était maréchal de France, ingénieur ordinaire du roi Louis XIV et commissaire général des fortifications. On lui doit la défense de nombreuses villes et le siège de bien d'autres : Lille et Philippsburg notamment. Un dicton définissait son efficacité légendaire : « Une ville défendue par Vauban est une ville imprenable ; une ville attaquée par Vauban est une ville prise. » Ses principes de fortifications, qui ont fait école dans toute l'Europe, reposaient sur « le bon sens et l'expérience ». En fait, Vauban avait imaginé un ensemble compliqué de bastions, de fossés, de chemins couverts, de demi-lunes, de courtines et d'orillons disposés en étoile. La façade de chaque bastion était défendue par les tirs d'un bastion collatéral ; face à la courtine se croisaient les feux de ses flancs. Le système évoluera sans cesse en se perfectionnant. Au total, le gentilhomme fortifie plus de cent soixante places dont il va rassembler les plans dans un « Recueil de plans des places du Royaume » richement illustré.

Buste de Vauban au musée de Marsal.

Fortifiée par Vauban, la ville de Marsal conserve aujourd'hui quelques murailles et la porte de France.

d'une enceinte à neuf bastions, de parapets et de deux demi-lunes, les travaux sont abandonnés au profit des places du royaume plus menacées. Aujourd'hui, outre certaines murailles, seule la porte de Metz subsiste dans son état d'origine (les portes de France et de Moselle ont été élargies au XXe siècle). De nombreuses casemates, construites au XIXe siècle pour abriter une garnison d'infanterie et de cavalerie, vont venir s'intégrer harmonieusement au plan de Vauban. Epargnée pendant la guerre de 1914-1918, l'ancienne capitale des Leucques sera à moitié détruite pendant la Seconde Guerre.

Ligne Maginot, la cuirasse du Nord-Est

La plus grande part des fortifications s'aligne le long des frontières de la Lorraine : gros ouvrages, casemates et blockhaus. Une entreprise titanesque : cinquante-cinq ouvrages d'artillerie, un million et demi de mètres cubes de béton (les deux tiers de la pyramide de Chéops), 152 tourelles et 1 536 « cloches » blindées (six fois le poids en acier de la tour Eiffel), cent kilomètres de galeries souterraines. Budget, plus de trois milliards de francs de l'époque. Paul Painlevé résume le choix difficile : « C'est Hotchkiss ou Vauban », le général Guillaumat s'oppose à « cette muraille de Chine », Foch est contre un mur de béton aux frontières de la France tandis que le capitaine de Gaulle écrit en 1925, à l'époque où il n'est pas question de divisions blindées, dans la *Revue militaire française* : « En matière d'organisation défensive, le sentiment de continuité de notre histoire conduit à cette conclusion : la fortification de son territoire est, pour la France, une nécessité nationale permanente. » L'affaire n'est pas simple. On s'empoigne à propos de l'utilité stratégique d'une fortification qui doit courir de la Méditerranée au Nord, mais on conteste aussi sa conception et son armement. Pourtant, les travaux de ce « bouclier tactique et stratégique » qui adopte le nom de Maginot, héros de 14-18 et ministre de la Guerre, commencent en 1929 pendant la « drôle de paix ».

De l'autre côté du Rhin, les Allemands vont entreprendre en 1937 la ligne Siegfried entre Aix-la-Chapelle et la frontière suisse. La suite est connue : empruntant la route traditionnelle des invasions par Sedan, les Allemands contournent l'obstacle.

Aujourd'hui, l'Etat, qui ne sait que faire de cet arsenal formidable et inutile, a mis en vente un certain nombre de fortins et a confié à des associations le soin d'en restaurer d'autres et de les entretenir. Ainsi, une dizaine d'entre eux sont ouverts au public.

« Fermes et résolus »

C'était la devise des défenseurs du fort de Fermont, l'une des plus puissantes forteresses de la ligne Maginot. En juin 1940, la garnison de six cents hommes résiste sans faillir au déluge de feu de l'artillerie allemande. Elle riposte avec ses quatre tourelles qui causent des ravages terribles aux assaillants. Fermont tiendra bon jusqu'à la signature de l'armistice.

Attaqué violemment le 18 mai 1940, l'ouvrage de Villy-la-Ferté — deux blocs de béton reliés par une galerie enfouie trente-cinq mètres sous terre — lutte sans répit. Une centaine d'hommes sous les ordres d'un Meusien, le lieutenant Maurice Bourguignon, périssent asphyxiés. Le fort du Hackenberg ne rend ses installations aux Allemands que le 4 juillet 1940, « sur ordre supérieur ». Montrée du doigt comme le symbole de la guerre perdue par une France sous le choc, la ligne Maginot n'a sûrement pas mérité une telle ingratitude. Ses défenseurs vont devoir se contenter de pleurer leurs morts en silence.

L'entrée du fort de Fermont, l'une des pièces maîtresses de la ligne Maginot.

Non loin du village de Veckring, dans la région de Thionville, le **fort du Hackenberg**, le plus important de la ligne Maginot, déploie ses dix-sept postes de combat au cœur d'une immense forêt. C'était une impressionnante ville souterraine qui abritait dix mille hommes en leur assurant une autonomie totale de trois mois. Avec ses kilomètres de galeries, ses voies ferrées et son armement redoutable, il tiendra jusqu'au bout face à l'artillerie allemande. Par contre, les Allemands qui l'occupaient en 1944 devront se rendre aux chars américains.

Le **fort de Fermont**, l'une des pièces maîtresses de la ligne de défense allant de Longuyon à la Suisse, se visite depuis 1977 grâce au travail d'un groupe de bénévoles (l'Association des amis de l'ouvrage de Fermont et de la ligne Maginot a reçu en 1979 le premier prix du Concours des chefs-d'œuvre en

péril). L'ouvrage était destiné à défendre un front de huit kilomètres. Il compte sept blocs de combat et deux blocs d'entrée qui sont reliés par des galeries enfouies à trente mètres sous terre. Un petit train électrique permet aujourd'hui de parcourir les galeries, les casernements et un bloc d'artillerie. Le musée explique le fonctionnement de l'ouvrage et la vie des combattants de 1940.

Le **Simserhof**, situé au nord de Bitche, est un ouvrage imposant

fermé par une porte blindée de sept tonnes et armé d'une tourelle équipée de deux canons de 75 jumelés. Il pouvait faire vivre en autonomie complète (munitions, carburant et vivres) une garnison de mille deux cents hommes. En bon état de fonctionnement, l'ouvrage comporte dix kilomètres de galeries, une centrale électrique, des magasins d'approvisionnement, une infirmerie, des bureaux, des cuisines, des dortoirs et un ancien magasin à munitions transformé en musée.

Voir aussi **Villy-la-Ferté** (dans les Ardennes), un ensemble de casemates de combat entourées d'un réseau défensif de fils barbelés et de rails antichars ; l'**Immerhof** dans la région de Thionville et le **Zeiterholz**, face à la frontière luxembourgeoise, ces deux derniers ouvrages intermédiaires ont été très bien conservés.

Enfin, pour avoir une bonne idée de l'architecture militaire du XIXᵉ siècle, il faut visiter **Villey-le-Sec** en Meurthe-et-Moselle, le seul village fortifié contemporain. Cet ensemble de défenses françaises et allemandes a été mis en œuvre entre 1871 et 1918 ; son musée, qui conserve un canon de revolver Hotchkiss modèle 1879 en parfait état de marche, est animé par l'association « La Citadelle ».

Dans les forts de la ligne Maginot, un réseau de trains souterrains transportait rapidement les vivres, le matériel et les hommes.

Aux commandes d'un train électrique, un conducteur appartenant à l'Association des amis de l'ouvrage de Fermont.

Métiers d'artistes

Sur cette terre d'artistes brillants et d'artisans inventifs, on a tout naturellement apprivoisé les richesses offertes par le Bon Dieu — la terre, l'eau, le feu, le bois — en les agrémentant de toutes ces idées nouvelles qui venaient de Bohême, des Flandres, de Murano ou de Crémone. Avec la bénédiction des évêques, l'aide des ducs et les conseils vibrants de Stanislas. Ainsi, le cristal, la pâte de verre, les émaux, la faïence, la broderie, la dentelle et la lutherie participent avec éclat à « l'exception lorraine ».

Sur la route du cristal

Commençons par la plus ancienne cristallerie de France, **Saint-Louis** à Saint-Louis-les-Bitche : quatre siècles de tradition donnent à cette vieille dame de la sagesse et le goût de l'innovation. On lui doit d'admirables services

Le village de Saint-Louis en 1836. Tableau de Pingret.
© Cristallerie de Saint-Louis.

Vase des Cristalleries de Saint-Louis, création du début du siècle.
© Cristallerie de Saint-Louis.

sente dans l'ancienne demeure du fondateur de la verrerie Sainte-Anne, face à l'usine, une collection unique de verres, de vases, de flacons, de bonbonnières, de candélabres géants et de presse-papiers multicolores. A **Lemberg**, on peut admirer des verres soufflés à la bouche et façonnés à la main qui intègrent l'illustre griffe de Lalique. **Vannes-le-Châtel** fabrique toujours le « cristal de Sèvres » inventé pour la marquise de Pompadour, selon les secrets des maîtres verriers de la Compagnie française du Cristal (Daum). L'ancienne coopérative ouvrière d'**Hartzviller**, qui s'est spécialisée dans les petites séries et la création, montre un travail d'une étonnante fraîcheur, des gestes authentiques et une ambiance chaleureuse. Réputée pour ses prodigieux saxophones

de table (comme le modèle *Trianon*, toujours en vogue) et de merveilleux cristaux de couleur, taillés, gravés ou décorés à l'or fin. La prestigieuse Compagnie des Cristalleries de **Baccarat** pré-

Baccarat : le four du tsar

Habituée depuis plus de deux siècles à servir les princes, les cours, les palais républicains, et même la reine d'Angleterre au risque de s'attirer les foudres des cristalleries britanniques, la maison Baccarat entretient la nostalgie des clients fastueux : l'empereur du Japon, le shah de Perse, collectionneur de candélabres, le Négus, amateur de vases monumentaux, le Grandissime maharaja de Gwalior qui faisait tester ses vases par un éléphant de cinq tonnes ou le sultan de Brunéï qui a construit un salon pharaonique autour d'un lustre géant de Baccarat (10 millions de francs). Mais celui qui laisse un souvenir impérissable est Nicolas II, souverain de toutes les Russies. Au début du siècle, un tiers des ouvriers travaillait pour la cour de Saint-Pétersbourg. Un four fonctionnait exclusivement pour les princes russes. On l'avait baptisé le « four du tsar ». En fait, les vrais seigneurs de Baccarat sont les ouvriers dont le talent force l'admiration. Plus de trente d'entre eux ont été consacrés « Meilleur Ouvrier de France ».

Au début du XXᵉ siècle, Baccarat fabriquait de magnifiques services – comme cette carafe – pour le tsar de Russie.

Héritière d'un précurseur de l'Art nouveau, la maison Daum travaille la pâte de verre avec une élégance aérienne.

en cristal, la cristallerie de **Vallerysthal**, située au cœur du pays de Sarrebourg, s'est tournée vers des collections contemporaines. Son musée, une véritable salle des trésors, rassemble près de quarante mille pièces. Enfin, la maison fondée par Antonin **Daum**, l'un des papes de l'Art nouveau, expose ses collections en pâte de verre délicieusement inspirées par les sous-bois et la botanique dans son magasin de la place Stanislas à Nancy.

Mais la quête du cristal ne serait pas complète sans une visite à la Maison du verre et du cristal à **Meisenthal** en Moselle, étape didactique et belle exposition, ainsi qu'à la plate-forme verrière de **Vannes-le-Châtel**, un atelier unique en France qui accueille artistes et artisans-verriers pour la création de leurs collections.

Jouer avec le feu : l'art du souffleur

Chaque maison a ses recettes et ses proportions mais la composition du cristal comporte : de la silice (sable) pour 50 %, du minium de plomb (35 %), de la potasse (15 %), un peu de cristal recyclé (groisil) et quelques minéraux qui entrent dans les secrets de fabrication. Le mélange est cuit environ trente-six heures à des températures variant de 1 100° à 1 500°. Vient ensuite le travail du souffleur. Après avoir « cueilli » au four un boule de verre en fusion d'un vif mouvement de rotation de sa canne, l'ouvrier « épouille » (pour retirer les impuretés), « mailloche » (le verre rougeoyant est roulé dans une forme creuse pour devenir homogène), puis il souffle une première fois pour percer la paraison, une seconde fois dans un moule. Cette opération, qui se fait à l'aide d'air comprimé, nécessite une expérience et un savoir-faire exceptionnels. Restent les opérations de finitions (sciage, flettage, polissage) puis la taille ou la gravure.

En un tour de main, ce souffleur de Baccarat donne forme au verre en fusion avec une précision magique.

103

**Une fresque du jardin d'hiver de l'ancienne demeure de Paul de Geiger
à Sarregueminnes. Le dessin est largement inspiré de l'Art nouveau.**

La céramique dans tous ses états

Personne ne sait plus que le brevet d'invention des émaux a été déposé sous le règne de Napoléon III par Aldebert de Beaumont et Eugène Collinot et que cette appellation, qui est aujourd'hui protégée par une loi de 1905 et un décret de 1982, impose un travail exclusivement manuel. La visite de la **faïencerie Saint-Jean-l'Aigle**, installée dans l'ancien château d'un maître de four à Longwy, est un vrai moment de bonheur. Il faut avoir vu les faïenciers de Saint-Jean-l'Aigle enchâsser les émaux couleur par couleur, goutte après goutte, dans un filigrane d'oxyde vitrifié, avoir parcouru des ateliers qui distillent de bonnes odeurs de barbotine et de terre cuite, pour toucher du doigt la perfection.

« Fabriquer une simple assiette au décor de *prunus fleuri*, explique Jacques Peiffer, maître de four, artiste érudit et passionné, nécessite quatre heures d'émaillage et trois feux de vitrification. »

Un musée privé abrite une collection d'émaux rares où s'entremêlent des fleurs de pommier japonais, des

Les bons mots du céramiste

Si le céramiste possède un vocabulaire largement inspiré par la cuisine (pain, biscuit, frite, couteau, pâte, pâtisserie, meule, cuisson, four), certains mots plus hermétiques méritent une explication :

®Brocatelle : terme propre à Longwy pour désigner des émaux ou des engobes en relief qui ne recouvrent pas totalement le fond, et revêtus d'une glaçure transparente.

®Cuenca o arista : procédé de décoration hispano-mauresque du type « cloisonné ».

®Fahua : mot chinois nommant les décors cloisonnés en relief de l'engobe.

®Dégourdi : état d'une pièce après une première cuisson à température inférieure à celle qui suivra pour la vitrification.

®Peinture de moufle : décor peint à l'aide de couleurs contenant leur propre fondant vitrescible.

®Ronde-bosse : sculpture libre, non rattachée à un fond.

®Tournassage : opération qui suit le tournage, finition d'une pièce sur un tour à l'aide d'un outil tranchant, le tournassin.

®Terre de pipe : céramique à corps poreux de couleur blanche, généralement revêtue d'un vernis vitreux.

ornements mauresques, les splendeurs de la Perse et de l'Empire ottoman. Une esquisse en terra-cotte de Rodin, *L'Homme qui marche*, voisine avec une poterie de Picasso et une *Nymphe* de Croisy en biscuit de porcelaine.

A **Sarreguemines, capitale de la faïence**, ce n'est pas tant la qualité de l'argile, mais plutôt la possibilité d'acheminer par flottage les bois nécessaires à la cuisson qui donna à

Un ancien four à faïence. Au début du siècle, Sarreguemines en comptait une trentaine.

la ville frontalière sa vocation faïencière. Témoin de cette époque fastueuse — aujourd'hui, la faïencerie de Sarreguemines oriente sa production vers la fabrication de carrelages — l'ancienne demeure de Paul de Geiger. Transformé en musée municipal, c'est un monument à la gloire de la faïence. Morceau de bravoure : le jardin d'hiver éclairé par une grande baie vitrée est entièrement revêtu de carreaux colorés. Une décoration signée Schuller. Tout est en faïence : la colossale fontaine, les représentations allégoriques qui tapissent les murs

Ci-contre à droite :
Ce décor craquelé d'émaux de Longwy reprend le dessin gracieux des fleurs orientales. Le bleu de la céramique est une couleur qui remonte à la nuit des temps.

A Saint-Jean-l'Aigle, Jacques G. Peiffer perpétue avec talent la tradition des émaux.

Les trois secrets de Longwy

Chacun sait que l'histoire des émaux de Longwy est une aventure exotique et passionnée. Ce style, né des grandes fantaisies orientales, puise exclusivement sa technique dans le domaine minéral, fruit des éruptions volcaniques et des stratifications de la nature : silice, oxydes métalliques et or. Ses secrets :

- Le bleu des émaux : dans la mouvance de l'« égyptomanie » du second Empire, Longwy adopte cette teinte mythique, la plus ancienne couleur céramique du monde réputée pour la pureté de sa nuance turquoise.
- Le filigrane d'oxyde : cette résille d'oxyde vitrifié sur l'argile sertit les émaux comme l'or enserre un diamant.
- Le craquelé — on dit que les émaux « chantent » pendant sept ans après leur sortie du four — est la parure raffinée des émaux : l'« écaille de dragon » à large maille et la « voile de fée » à maillage fin.

Mirecourt, capitale de la lutherie

Jean-Jacques Pagès, président des luthiers de France, dans son atelier de la rue Chanzy à Mirecourt.

© Comité Régional du Tourisme de Lorraine, Metz.

L'art de fabriquer les violons s'implanta à Mirecourt — bailliage du duché de Lorraine — en l'an 1629, date à laquelle fut signé le premier contrat d'apprentissage au terme duquel Dieudonné Monfort s'engage à enseigner la construction et le jeu des instruments de musique au jeune Nicolas Georges. Début d'une vocation institutionnalisée par la charte de corporation accordée par le duc de Lorraine. En 1970, s'est ouverte l'Ecole nationale de la lutherie dans la ville même où, depuis trois siècles, se transmet le savoir-faire des luthiers et des archetiers. Aujourd'hui, une quinzaine de luthiers ont pignon sur rue. Ils continuent à fabriquer « à l'ancienne » non seulement des violons et des archets, mais aussi des guitares et des mandolines. Le musée de la Lutherie et de l'Archeterie française présente une impressionnante collection d'instruments du quatuor à cordes, de guitares, de mandolines, d'instruments à vent, ainsi que les outillages, les modèles et les pièces brutes. Mirecourt expose également dans un ancien séchoir à bois rénové le « Plus Grand Violoncelle du monde », 7,50 m de hauteur (à gauche).

La maison de la musique mécanique

Berceau de la musique mécanique, Mirecourt a conservé une série époustouflante d'appareils anciens en parfait état de marche dans l'ambiance nostalgique de la Belle Epoque : un orgue de foire Limonaire frères 1914, un Polyphon de café de 1895, un orgue-orchestre boîte à musique de salon à clochettes, un piano mécanique de Nicolas Rossi, des serinettes, un orgue de salon avec ses singes automates.
Une manière de se souvenir qu'au milieu du siècle dernier, Mirecourt fabriquait encore chaque année cinq orgues, quatre cent cinquante orgues de salon et deux mille six cents serinettes.

Les singes automates d'un orgue de salon.

Textiles, broderies et dentelles

La broderie perlée de Lunéville remonte aux années vingt. Un ouvrage fin et délicat destiné à la haute couture du monde entier. Celles qu'on appelle encore les « Lunévilleuses » étaient souvent des orphelines ou des veuves de guerre.

Elles réalisaient de véritables chefs-d'œuvre « perlés et pailletés » en maniant le crochet à l'envers sur du tulle. Ces artisans d'un autre temps ont quasiment disparu bien que la broderie de Lunéville soit toujours enseignée dans les établissements techniques et que des entreprises — à Lunéville et à Baccarat — perpétuent le « point de Lunéville » sur des métiers modernes.

Comme la lutherie, la dentelle est venue à Mirecourt avec les ducs de Lorraine.

Cette dentelle a permis de valoriser les lins cultivés au pied des Vosges, filés à Rambervillers et blanchis sur les galets de la Moselle à Portieux ou à Charmes. Depuis une quinzaine d'années, quelques femmes de Mirecourt ont remis à l'honneur le maniement des fuseaux au sein de l'association Promotion et Renouveau de la dentelle.

Enfin, le musée du Textile à Ventron rappelle la vieille tradition vosgienne du tissage. Installé dans le bâtiment d'une ancienne usine, il présente sur quatre niveaux les forces motrices de l'industrie textile, la filature industrielle du coton, le tissage mécanique et le travail du lin à la ferme.

La dentelle aux fuseaux se pratique encore à Mirecourt.

© J.-M. Cuny.

Un costume lorrain au début du XXe siècle.

(nymphes, iris, grands oiseaux et roseaux), les médaillons représentant les maîtres de céans.

Dans le parc, le grand four en brique, construit sur le modèle anglais en 1862, est l'unique rescapé des trente fours qui cuisaient la faïence à la fin du siècle dernier.

Le circuit de la faïence passe encore au casino, aux cités ouvriè-res et au moulin de la Blies où l'on a aménagé un musée des Techniques faïencières.

La Lorraine a aussi donné les élégantes faïences de l'Argonne provenant notamment de la manufacture des Islettes (à voir au musée de la Princerie à Verdun) et les faïences de Lunéville qui prennent le tournant de l'Art nouveau dans la dernière décennie du XIXe siècle (musée du Château de Lunéville).

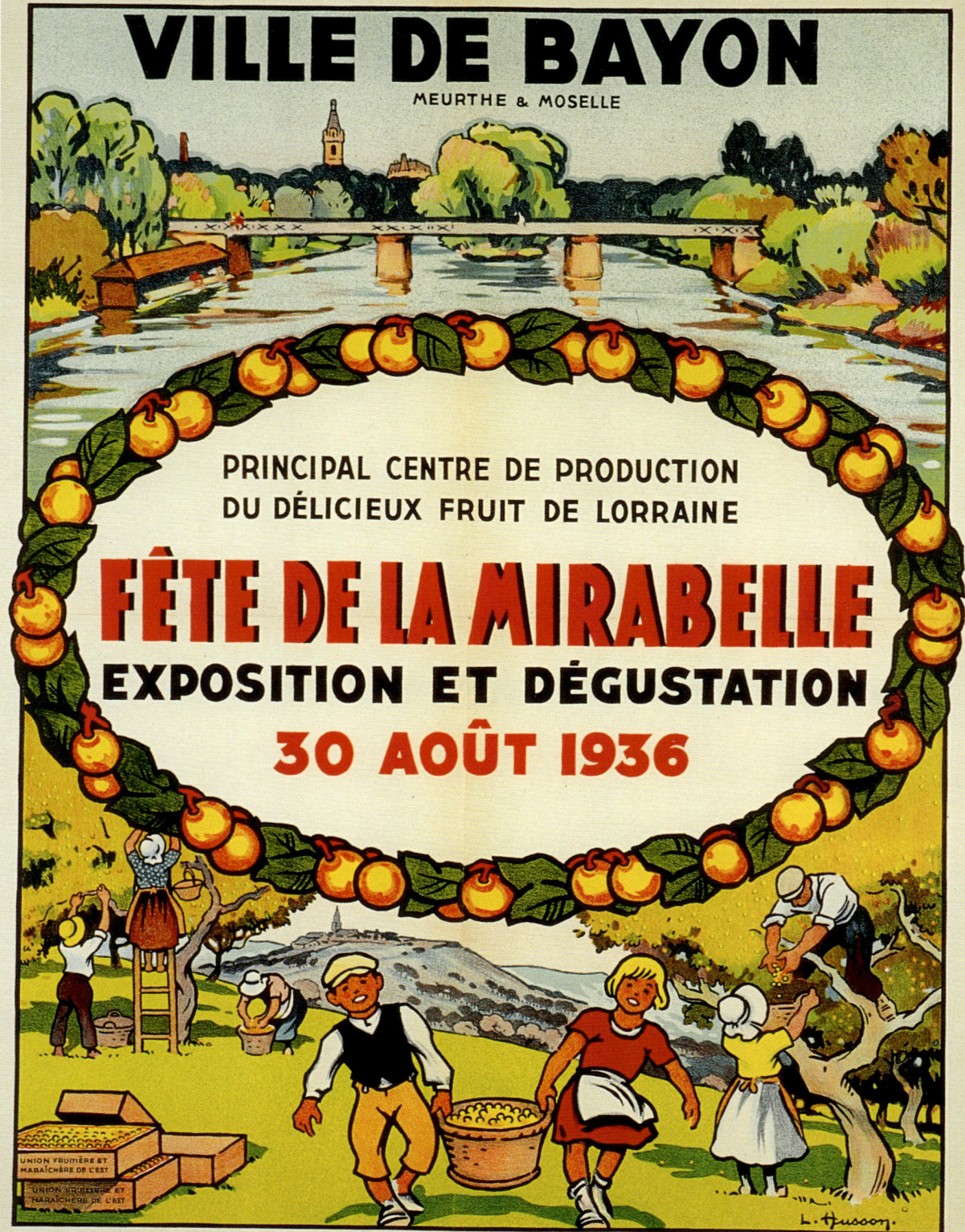

VILLE DE BAYON

MEURTHE & MOSELLE

PRINCIPAL CENTRE DE PRODUCTION
DU DÉLICIEUX FRUIT DE LORRAINE

FÊTE DE LA MIRABELLE
EXPOSITION ET DÉGUSTATION
30 AOÛT 1936

UNION FRUITIÈRE ET
MARAÎCHÈRE DE L'EST

UNION FRUITIÈRE ET
MARAÎCHÈRE DE L'EST

L. Husson.

IMP. V. IDOUX. NANCY

La reine mirabelle

Jean-Marie Pelt, observateur émerveillé de la nature, a trouvé les mots justes : « Le mirabellier est à la Lorraine ce que l'olivier est à la Provence. » Peu importe qu'il soit venu des Romains ou des ducs d'Anjou, l'arbre fruitier est présent partout : la plus forte densité au monde. Il suffit d'observer les coteaux de la Moselle ou les vergers de la Meuse au printemps, quand les premières chaleurs tapissent les vallées d'éphémères corolles blanches, pour s'en convaincre. La mirabelle qui porte bien son étymologie latine — « belle à voir » — va prendre doucement sa couleur dorée, ses petites taches rouges, se gorger de sucre et attendre la récolte.

Dans toutes les douceurs de la vie

Le meilleur moyen de rendre hommage à la prune de Lorraine est de la goûter. Il faut profiter de l'instant furtif de la cueillette — quelques courtes

Paysanne lorraine
d'après Victor de Brouillé.

© musée Lorrain, Nancy. Ph. P. Mignot.

La fête de la Mirabelle

Si la mirabelle est fêtée depuis toujours dans de nombreuses communes de Lorraine, la manifestation la plus prestigieuse se déroule à Metz à la fin du mois d'août (après la récolte). Née dans les années d'après-guerre, sous le vocable de « fête de la mirabelle et des fleurs », elle rend aujourd'hui un hommage spectaculaire au fruit d'or dans la capitale de la Moselle : concours de poésie (les Messins sont invités, depuis 1996, à immortaliser la petite prune en lui dédiant un poème), tournoi de pétanque, fête foraine, grand marché de la mirabelle, envols de montgolfières, corso fleuri, élection de Miss Mirabelle et de ses dauphines, feux d'artifice, etc.
En 1986, lors de son jumelage avec Saint-Denis de la Réunion, la Reine des Litchis vint défiler à Metz et la Reine de la Mirabelle se rendit à la Réunion.

Récolte de mirabelles dans la seconde quinzaine d'août. Secoué « comme un prunier », le mirabellier déverse une pluie de fruits d'or.

Le label « Lorraine »

Selon les encyclopédies, le mirabellier est un prunus domestica de la famille des Rosacées. Son fruit, d'un calibre minimum de 22 mm, est de couleur jaune doré avec quelques pigments rouges. La chair est ferme, craquante et juteuse avec un taux de sucre variant de 16 à 22 %. Deux variantes sont regroupées sous le label « Mirabelle de Lorraine » : la mirabelle de Nancy et celle de Metz. Cette dernière, plus petite et plus parfumée, a les faveurs des pâtissiers. Production annuelle : près de quarante mille tonnes, les bonnes années (un gel tardif peut avoir des effets catastrophiques sur une récolte).
Quant à l'alcool de « Mirabelle de Lorraine », elle est la seule eau-de-vie à bénéficier en France d'une appellation délivrée par l'INAO (Institut national des appellations d'origine).

semaines en août — lorsqu'elle est chargée de parfum et de jus sucré. Passé ce moment magique, les occasions ne manquent pas de savourer autrement le fruit doré. Les Lorrains ont atteint la perfection dans l'art de mettre des mirabelles dans toutes les douceurs de la vie : la tarte fondante et onctueuse, mirabelles flambées au caramel, confitures, fruits confits, pâtes de fruits, sorbets, clafoutis, soufflés, gratins. Ou encore les délicieux « moulés ganache caramel mirabelle » de la pâtisserie Nicolas à Etain et l'admirable « Chibouste mirabelle » de la pâtisserie Jean à Metz.

Une eau-de-vie de cristal

Quant à la fabrication de l'eau-de-vie, elle relève pour les quelques distillateurs qui transmettent cette vieille tradition d'un excellent savoir-faire et nécessite des fruits de grande qualité. « Si une année les fruits ne sont pas excellents, explique Jean Girardin, installé dans le petit village de Burlioncourt au cœur du pays du Saulnois, je m'abstiens de distiller. Le résultat sera médiocre. » La mirabelle est mise à fermenter, puis les ton-

Un village lorrain au début du XXᵉ siècle.

neaux sont placés au frais pendant trois mois. Ensuite, l'alambic distille des vapeurs d'alcool qui, une fois refroidies, se métamorphosent en eau-de-vie claire et parfumée. « L'alambic est le purgatoire de la mira-belle, dit encore Jean Girardin, il faut éviter tout ce qui peut dénaturer le goût du fruit. J'évite par exemple d'uti-liser comme bois de chauffage des résineux car ils risquent de dénaturer la saveur originelle de la mirabelle. »

Sagement alignés sur les coteaux protégés, les mirabelliers de Lorraine fleurissent au printemps. Des millions de corolles parfumées blanchissent la campagne.

A Vezon, dans la région de Metz, M. Maucourt pratique avec soin la distillerie à l'ancienne.

L'âge d'or de la bière

Les cuivres rutilants des chaudières du Musée européen de la Bière à Stenay. Certaines bières étaient chauffées « à feu nu », le feu de bois étant placé directement sous les chaudières.

La plus vieille boisson du monde — vingt siècles avant le Christ, on fabriquait déjà une bière à base d'orge fermenté au pays des pharaons — continue à être la boisson la plus consommée sur la planète. Chaque Français boit trente-neuf litres de bière par an. Au siècle dernier, deux cents brasseries et malteries fabriquaient en Lorraine l'ancienne « Cervoise » baptisée par les Gaulois en l'honneur de Cerès, déesse des moissons. Une intense activité relancée par la pasteurisation et la maîtrise du froid. Aujourd'hui, les anciennes citadelles de la bière ont sombré dans le naufrage du progrès au profit des concentrations. Mais leur histoire demeure vivace.

La Route lorraine de la bière (une association portant ce nom a été créée pour promouvoir ce patrimoine exceptionnel) vous entraîne à la découverte de l'âge d'or de la bière. Dans la commune de Stenay (Meuse) blottie entre les forêts d'Ardenne et d'Argonne, une ancienne malterie accueille le **Musée européen de la Bière** qui s'enorgueillit d'être le plus grand musée au monde consacré à

une boisson presque aussi vieille que l'humanité. Sur trois niveaux de cuivres clinquants, la visite rappelle la tradition des brasseurs, les étapes de la fabrication, vous entraîne dans les secrets d'une bonne bière et l'atmosphère des vieux cafés, les « débitants ».

Le **Musée français de la Brasserie** à Saint-Nicolas-de-Port (Meurthe-et-Moselle) propose une vision industrielle de la fabrication de la bière avec d'admirables témoigna-

Pour faire 1 litre de bière

Le Musée européen de la Bière donne la recette ; il faut rassembler :
- 5 à 10 litres d'eau ;
- 20 à 25 grammes de malt ;
- 1,5 gramme de houblon ;
- 5 centilitres de levure ;
- 12 000 ans de traditions... et tout le savoir-faire du maître brasseur.

La légende de saint Arnou

L'Illustration du 17 mai 1930 s'intéresse au mystère de saint Arnou, patron des brasseurs qui, à l'instar du Christ aux noces de Cana, va provoquer une multiplication miraculeuse : « Aux termes de très anciens parchemins que conserve la paroisse de Lay-Saint-Christophe, toute voisine de Champigneulles, un nom devenu célèbre dans l'histoire de la bière française, la déconcertante chose se serait passée en l'an 642 et au cœur de juillet, le 18 de ce mois brûlant.

ges des anciennes brasseries de Lorraine : reconstitution d'une salle de brassage et d'une salle des machines. Ne pas manquer les vitraux de la salle de réception.

La Brasserie-Musée de Ville-sur-Illon (Vosges) qui s'est installée dans l'ancienne brasserie Lobstein (fermée en 1956) a été conservée en état de marche et restaurée avec soin. C'est sans doute le dernier témoignage de cette activité dans la région.

Près de Toul, on a reconstitué un grenier à houblon avec ses outils de

Brasseries de la Meuse à Bar-le-Duc, 1904.

culture et son séchoir à la **Maison de la Polyculture** du village de Lucey.

La route de la bière passe encore par les hauts lieux de l'histoire de la brasserie : **Tantonville**, le village construit par les frères Tourtel (ici, Pasteur mena ses travaux sur la pasteurisation) ; Dommartin-les-Remiremont, Gerbéviller, Charmes, Maxéville, etc.

La Brasserie d'Amneville

Située au cœur du complexe thermal et touristique d'Amnéville, La Taverne du Brasseur a conservé la dernière brasserie en activité de Moselle. Production annuelle : mille huit cents hectolitres. « Nos bières sont élaborées de manière traditionnelle par un maître brasseur allemand, confie le directeur, M. Partouche. Sans colorant, sans conservateur, ni pasteurisation, les bières blondes, brunes ou ambrées gardent toutes leurs qualités gustatives. »

Enfin, la Lorraine possède quelques installations de brassage en activité : la **Brasserie Kronenbourg** à Champigneulles (près de Nancy), la **Taverne du Brasseur** à Amnéville, l'Ecole de la Brasserie à Vandœuvre-lès-Nancy et une malterie à Metz, Bazincourt, Nancy, Rarécourt.

A gauche : **Reconstitution du local d'un « débitant ». Ce commerce assurait exclusivement la distribution de la bière et des alcools forts.**

L'ancienne salle des chaudières des Brasseries Kronenbourg à Champigneulles près de Nancy.

Les reliques de saint Arnou, qui avait été évêque de Metz, étaient donc transportées en pompe, du Saint-Mont, dans les Vosges, où il avait de son vivant exercé la tâche de souverain pasteur. Un soleil torride ardait la campagne. Or, dans Champigneulles, dans tout Champigneulles, la foule altérée ne réussit à découvrir qu'une cruche de bière. Que faire à plus de cent d'une cruche de bière quand on est dévoré par la soif ? Soudain, chacun sentit son bras s'alourdir d'un objet frais, mystérieusement suspendu à sa main. Chacun se trouva tout d'un coup nanti de son cruchon de bière. On laisse à penser la stupeur et le ravissement des pieux pèlerins. Et c'est ainsi que saint Arnou devint le patron respecté des brasseurs. »

La route du vin

Le célèbre Curnonsky, « prince élu des gastronomes », prétendait que les vins des Côtes de Toul et de Lorraine étaient comme la cocarde sur le bonnet phrygien. Sans prétendre rivaliser avec les vignobles de sa voisine, l'Alsace, la Lorraine aime qu'on se souvienne de sa vieille tradition viticole. Charlemagne possédait des villas et des vignes à Foug et Gondreville. On raconte qu'il veillait personnellement à la vinification et au choix des cépages. Vers le Xe siècle, le Chapitre de Toul est proprié-

La Confrérie des Capucines

Cet ordre constitué en 1962 pour la défense « des vins des Côtes de Toul, de ses traditions et de ses paysages » a adopté un insigne représentant une capucine avec la lettre T (Toul) sur fond rouge et or. La capucine est une bouteille en bois qui était utilisée par le vigneron pour conserver sa boisson journalière lors des labeurs d'été. Costume de la confrérie : une grande cape rouge à parements jaunes avec cordelière jaune et rouge et capucine miniature. Des rubans de couleurs différentes indiquent le grade du dignitaire. De nombreuses manifestations, comme « les épousailles de la madeleine de Commercy et du vin gris de Toul », laissent des souvenirs mémorables.
Le chapitre ordinaire a lieu tous les ans à la Saint-Vincent le 22 janvier dans un village des Côtes.

© M. Laroppe, Grand Échanson de la Confrérie des Capucines - Ph. Mad Photo.

taire de nombreuses vignes dans les villages de Bruley et Lucey où l'on retrouve encore des lieux-dits « La vigne de l'Evêque » et « Au Chapitre ». En 1650, des ordonnances des ducs de Lorraine établissent un « Code viticole lorrain » en vigueur jusqu'à la Révolution. Ainsi, au milieu du XIXe siècle, la Lorraine très prospère compte près de cinquante mille hectares de vignes. Aujourd'hui, après les ravages du mildiou, de l'oïdium et du phylloxera, le vignoble lorrain a disparu aux trois quarts, mais des vignerons tenaces lui ont redonné ses lettres de noblesse : le Côte de Toul (production annuelle quatre mille hectolitres sur cent cinq hectares) reçoit en 1997 l'Appellation d'Origine Contrôlée (AOC) ; les Côtes de Meuse (trente-cinq hectares) et les Vins de Moselle (dix-sept hectares) sont reconnus Vins Délimités de Qualité Supérieure (VDQS).

Emprunter la **Route du vin et de la mirabelle** est un bon prétexte pour parcourir les chemins qui serpentent, de Vannes-le-Châtel à Boucq, parmi les coteaux ensoleillés du Toulois. Avec des haltes bucoliques à Bulligny, Bruley-Domgermain ou Lucey dans les caves fraîches et les auberges accueillantes.

BELGIQUE
LUXEMBOURG
ALLEMAGNE
ARDENNES
08
Musée Européen de la Bière
Faïencerie
Stenay
Longwy
Thionville
Forbach
Verdun
Faïencerie
Sarreguemines
Cristalleries
Lemberg
St-Louis-lès-Bitche
Meisenthal
55
MEUSE
Étang de Lachaussée
Lac de Madine
METZ
MOSELLE
57
LORRAINE
Château-Salins
Étang du Lindre
Maison du Verre et du Cristal
Sarrebourg
PLATEAU DU BARROIS
St-Mihiel
Maison de la Polyculture
Champigneulles
NANCY
Cristalleries
Vallerysthal
Artzviller
Grossmann
Bar-le-Duc
Commercy
Lucey
Musée français de la Brasserie
Broderie
Lunéville
Roc de Taurupt
67
BAS-RHIN
Vaucouleurs
Toul
Cristallerie
St-Nicolas-de-Port
Vannes-le-Châtel
MEURTHE-ET-MOSELLE
54
Baccarat
Cristallerie et broderie
Lac de la Pierre-Percée
St-Dié
HAUTE-MARNE
52
Neufchâteau
Tantonville
Lutherie et Dentelle
Mirecourt
Col du Bonhomme
949
Col de la Schlucht
1258
Le Hohneck
1362
68
HAUT-RHIN
Brasserie-Musée
Ville-sur-Illon
Épinal
Lac de Gérardmer
VOSGES
88
Plombières-les-Bains
Le Val-d'Ajol
Ballon de Servance
Ballon d'Alsace

★ Artisanat
☆ Spécialité culinaire
M Musée
Vins de Moselle
Côtes de Toul

0   20 km

GOURMETS EN LORRAINE

COMITE REGIONAL DU TOURISME

© Comité Régional du Tourisme de Lorraine, Metz.

Au plaisir

A force d'avoir inventé toutes ces délicieuses tentations, les Lorrains vous entraînent tout droit en enfer. Sans doute pour y brûler des calories superflues. Ici, on appelle ces belles fantaisies sucrées, les « douceurs ».

La **Bergamote de Nancy** est un bonbon puissant imaginé en 1857 par un confiseur de la cité lorraine, Godefroy Lilich, qui eut l'idée de précipiter de l'huile essentielle de bergamote dans un sucre cuit. Dès l'Antiquité, on connaît la « Berg armuth » (littéralement poire de Dieu) qui pousse sur le plateau d'Anatolie en Turquie. Rapportée par les croisés, elle pousse aujourd'hui dans les régions montagneuses d'Italie du Sud. Outre son parfum de fraîcheur et sa belle couleur ambrée, le bonbon à la bergamote permet — selon une vieille tradition — de résister « à la malignité des humeurs ».

Toujours à Nancy, le **macaron** est une tradition. Ces petits gâteaux ronds à base d'amandes, finement craquelés et très moelleux, ont trouvé leurs lettres de noblesse avec le secret des Sœurs Macarons qui se transmet depuis le XVIIIe siècle.

A Verdun, un apothicaire de génie concocte, il y a bien longtemps, une nouvelle confiserie : des amandes enrobées de miel et de sucre. La **dragée de Verdun** devient le cadeau officiel de l'évêché. Henri III en reçoit douze boîtes le 8 février 1575, lors de son sacre à Reims. Un proverbe a force de loi : « Il n'est de dragée que de Verdun. » Riche de plus de deux siècles d'expérience, héritière de recettes ancestrales, la Maison Braquier — une institution — fabrique toujours dans ses cuivres d'agréables confiseries qui marquent les moments de bonheur : les dragées de grande tradition, les

A Nancy, la maison des Sœurs Macaron est une institution. Le repaire des douceurs lorraines. Ici, le secret des macarons se transmet depuis le XVIIIe siècle.

du palais

assortiments colorés, les dragées recouvertes d'une pellicule d'or pur et le fameux « Obus Braquier », un œuf en chocolat qui, en explosant, délivre une pluie de dragées de fantaisie.

Mais la dragée ne fait pas que des heureux. Ainsi l'édifiante histoire des Neuf Vierges de Verdun décapitées sous la Révolution pour avoir offert une corbeille de dragées au roi de Prusse est — affirme-t-on à Verdun — à l'origine de l'expression en vogue chez les poilus : « Tenir la dragée haute aux Prussiens. »

Depuis qu'elle a été inventée par la soubrette de Stanislas et vantée par Proust, la **Madeleine de Commercy** — une conque dorée souple, onctueuse, surmontée d'une rondeur blonde — a fait son chemin. Un véritable conte de fées pour la cité de la Meuse : chaque jour, les Etablissements Grojean produisent cinq cent cinquante mille madeleines.

Prenant le nom du pays des sources chaudes, la **glace de Plombières** au goût raffiné a fait le tour du monde.

© Bahlsen-Commercy.

**Maison Lalonde.
Les Bergamotes de Nancy.**

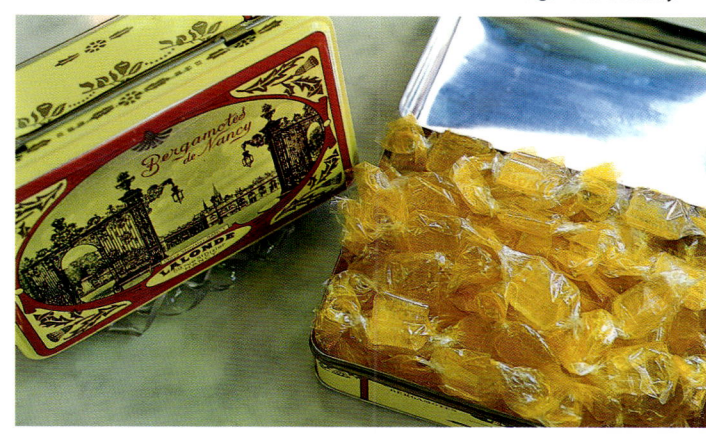

Le caviar lorrain

La fabrication des confitures de groseilles de Bar-le-Duc n'a pas varié depuis le XIVe siècle. Dès cette époque, les comptes de la ville font apparaître des sommes employées à l'achat des célèbres confitures pour s'assurer les faveurs des princes et des dames de la Cour. Marie Stuart la comparait à « un rayon de soleil dans un pot ». Anne Dutriez, qui perpétue cette tradition, fait toujours épépiner à la main des groseilles rouges ou blanches avant de les jeter dans un sirop de sucre brûlant. Résultat : la groseille garde intactes toute sa saveur et sa couleur claire. Seule la fleur du fruit apparaît en transparence sous forme de point noir. Cette préparation, qui nécessite du temps et une très grande habileté — il faut extraire les pépins à l'aide d'une plume d'oie taillée en biseau sans endommager ni la peau ni la pulpe —, est un vrai régal, l'égale du caviar pour les fins gourmets : Alfred Hitchcock en prenait tous les jours avec son breakfast. Aujourd'hui, la production annuelle avoisine les vingt mille verrines. La « Ducale et Tastépépineuse Sénéchalerie des Gousteurs de Groseilles » a été créée en 1974.

Epépiner les groseilles à la plume d'oie nécessite de bons yeux, de l'habileté et de la patience.

© OTSI Bar-le-Duc - Ph. F. Boîteux.

A tel point qu'on ne sait plus très bien où est né cet entremets glacé aux œufs et aux fruits confits vanté par Balzac dans *Splendeurs et misères des courtisanes*. On prétend que la recette a été créée en 1798 par Tortoni, un confiseur parisien d'origine italienne, travaillant pour la célèbre maison Velloni, près de l'Opéra. La véritable glace apparaît à Plombières en 1882 quand le pâtissier Philippe ajoute sa touche : une bonne macération des fruits confits dans le kirsch.

Faut-il encore citer l'infernal baba au rhum préparé pour le bon plaisir de Stanislas, les chocolats de Lalonde à Nancy, les Jeannettes de Vaucouleurs, les Rochers de Saint-Mihiel ou les Satan de Stenay ? Ou remercier les abeilles vosgiennes qui se laissent gentiment dérober un si bon miel puisé dans le trèfle blanc, l'acacia et le sapin ?

On dit souvent que les dragées de Verdun sont les meilleures du monde.

Petits plats
des

La Lorraine avait tout pour inventer une belle gastronomie issue des saveurs du terroir : des pâturages généreux, des cochons fatalistes, des étangs regor-

118

grandes tables

geant de sandres et de carpes, des volailles, du gibier, des fruits goûteux, des eaux-de-vie et ce climat rude qui laisse mijoter les plats au coin du feu.

La **quiche lorraine**, savoureuse tarte où le lard se noie dans une subtile préparation d'œufs et de crème fraîche, représente un mets d'excellence d'une rare simplicité.

Présentation de la gastronomie lorraine à la ferme de la Croisette à Housséville en Moselle.
Ph. C. Herlédan. Extrait des « Meilleures recettes de Lorraine », Ed. Ouest-France.

Quiche lorraine.
Ph. C. Herlédan. Extrait des
« Meilleures recettes de Lorraine »,
Ed. Ouest-France.

Au restaurant du Pont-Saint-Marcel à Metz, une des meilleures tables de Lorraine, on vous accueille en costume lorrain.

Réussir une quiche

Pour 4 personnes

Abaisser la pâte brisée et en foncer un moule à tarte. Dans un saladier, battre avec un fouet cinq œufs, un petit pot de crème fraîche, du sel (très peu), une pincée de poivre. Ajouter à la préparation des petits dés de lard fumé maigre et du jambon découpé en même quantité. Mélanger à nouveau et verser doucement dans le moule. Mettre au four (thermostat réglé à 7) pendant 1 heure. Laisser reposer 1 heure avant de servir. Recette du restaurant du Pont-Saint-Marcel à Metz.

A l'instar de la pizza, elle a conquis le monde avec de curieuses imitations servies à Los Angeles ou à Hong Kong. La **potée lorraine** tient au corps parce qu'elle a de l'esprit. Elle décline avec passion tout ce que le cochon a de bon : le jarret, la poitrine, la palette, la saucisse, délicieusement mitonnés dans un potage de haricots blancs, de carottes, de céleri, de pommes de terre et de rutabagas. Les **bouchées à la reine** accommodent si bien les ris de veau et les languettes de poule dans leurs corbeilles feuilletées que le gourmand Stanislas s'assoupissait de bonheur. Citer la litanie des recettes lorraines donne le vertige : les tourtes, les pâtés, les terrines, les cuissots de chevreuil ou de sanglier, le lapin en gelée de mirabelle, la carpe à la salicorne du pays du Saulnois, les tripes au vin gris des Côtes de Meuse, le chapon en pâte de sel, la matelote de truite au pinot noir, les quenelles de pommes de terre.

Peut-on encore penser à la véritable tourte de Neufchâteau avec sa fine saveur de collet de veau flambé à la mirabelle ? Savourer tous ces plats sans un minimum de

Préparée à la ferme-auberge de Chantraine, la cuisine lorraine a des accents divins : tourte, chapon en pâte de sel, pommes paysannes et cuisse de poulet, faisselle de fromage blanc, charlotte aux mirabelles.

retenue et de discernement anky-lose les sens avant de plonger l'esprit dans une douce béatitude. La cuisine lorraine réussit à merveille cette alchimie miraculeuse. Plus de place pour les ribambelles de char-cuterie : le fuseau lorrain, le magot, le chaudin, les andouilles. Plus de force pour respirer un bon Munster ou un géromé des Vosges. En Lorraine, le repas est une affaire sérieuse.

Produits du terroir de la ferme de la Croisette à Housséville en Moselle.
Ph. C. Herlédan. Extrait des « Meilleures recettes de Lorraine », Ed. Ouest-France.

Andouille du Val d'Ajol

Variante de l'andouille lorraine, l'andouille du Val d'Ajol mérite qu'on fasse un détour dans cette petite cité vosgienne aux confins de la Haute-Saône. En profitant de la Foire aux andouilles qui a lieu chaque année le troisième lundi de février. Faite à partir de maigre de porc dénervé, d'estomac, de sel, de poivre, d'épice verte et de vin blanc, l'andouille présente un aspect satiné et une belle couleur orangée. Ses mensurations : 20 cm de long, 4 cm de diamètre. Son poids moyen : 350 g. Mais, ne peut pas faire l'andouille qui veut. La marque est déposée depuis 1985 et la « Confrérie des tastes-andouilles et gandoyaux du Val d'Ajol » veille au grain. Seuls les bouchers-charcutiers installés sur la commune ont le droit de fabriquer les cent cinquante tonnes annuelles de la célèbre andouille.

Renseignements pratiques

Les riches plaines agricoles du pays saulnois forment un damier à la géométrie imparfaite.

®Comité régional du tourisme de Lorraine, Abbaye des Prémontrés, BP 97, 57036 Metz Cedex 1, tél. 03.83.80.01.80. fax 03.83.80.01.88 Site web : www.cr-lorraine.fr
®CDT Meurthe-et-Moselle, 48, rue du Sergent-Blandan, BP 65, 54062 Nancy Cedex, tél. 03.83.94.51.90.
®CDT Meuse, Hôtel du Département, 55012 Bar-le-Duc Cedex, tél. 03.29.45.78.40.
®CDT Moselle, Hôtel du Département, BP 11096, 57036 Metz Cedex 1, tél. 03.87.37.57.80.
®CDT Vosges, 7, rue Gilbert, BP 332, 88008 Epinal Cedex, tél. 03.29.82.49.93.
®Maison de la Lorraine, 2, rue de l'Echelle, 75001 Paris, tél. 01.44.58.94.00.

L'empire du milieu
• Site de Grand, 4, rue de la Mosaïque, 88350 Grand, tél. 03.29.06.77.37.
• Parc archéologique européen de Bliesbruck-Reinheim, 1, rue Robert-Schuman, 57200 Bliesbruck, tél. 03.87.02.25.79.

Sur les chemins de la nature
• Parc régional de Lorraine, Domaine de Charmilly, Chemins des Clos, BP 35, 54702 Pont-à-Mousson Cedex, tél. 03.83.84.06.37.
• Parc naturel régional des Ballons des Vosges, 1, Cour de l'Abbaye, 68140 Munster, tél. 03.89.77.90.20.
• Parc naturel régional des Vosges du Nord, Maison du Parc, BP 24, 67290 La Petite-Pierre, tél. 03.88.01.49.59.
• Association touristique Plan incliné, 57820 Saint-Louis, tél. 03.87.25.30.69.
• Voies navigables de France, 28, rue Albert-Ier, 54036 Nancy, tél. 03.83.95.30.01.
• Parc animalier de Sainte-Croix, 57810 Rhodes, tél. 03.87.03.92.05.

Les riches heures de Stanislas le Magnifique
• Château de Lunéville. Ouvert tous les jours sauf le mardi de 10 h à 12 h et de 14 h à 18 h, tél. 03.83.76.23.57.
• Haras national de Rosières-aux-Salines. Visites libres tous les jours, tél. 03.83.48.14.18.
• Château d'Haroué. Tous les jours du 1er avril au 11 novembre de 14 h à 18 h, juillet-août de 10 h à 12 h et de 14 h à 18 h, tél. 03.83.52.40.14.

• Château de Fléville. Le week-end d'avril au 15 novembre ; tous les jours en juillet et août de 14 h à 19 h, tél. 03.83.25.64.71.
• Parc de Gerbéviller. Ouvert les samedis, dimanches et jours fériés de mai à octobre de 14 h à 18 h. Tous les jours pour les groupes sur rendez-vous, tél. 03.83.42.71.57.
• Château de Commercy. Renseignements à l'office du tourisme, tél. 03.29.91.33.16.

Les quatre capitales
• Office du tourisme, 13, rue de la Comédie, BP 304, 88008 Epinal, tél. 03.83.35.22.41.
• Imagerie d'Epinal, 42 bis, quai de Dogneville, 88000 Epinal, tél. 03.29.31.28.88.
• Office du tourisme, 5, rue Jeanne-d'Arc, Bar-le-Duc, tél. 03.29.79.11.13.
• Office du tourisme, place d'Armes, BP 67002, Metz Cedex, tél. 03.87.55.53.76.
• Office du tourisme, place Stanislas, BP 810, 54011 Nancy Cedex, tél. 03.83.17.19.99.

Sur la trace des grands hommes
• Office du tourisme de Vaucouleurs, tél. 03.29.89.51.82.
• Maison natale de Jeanne d'Arc à Domrémy, tél. 03.29.06.95.86.
• Maison de Robert Schuman à Scy-Chazelles. Visites sur demande à la mairie de Montigny-lès-Metz, tél. 03.87.55.74.74.
• Château de Thorey-Lyautey. Visite du 1er mai au 30 septembre de 14 h à 18 h. Le musée du Scoutisme abrité dans le château se visite aux mêmes conditions, tél. 03.83.56.20.00.
• Maison natale de Claude Gellée. Ouverte du 1er avril au 30 octobre, les mercredis, samedis, dimanches et jours fériés de 14 h 30 à 18 h 30, tél. 03.29.38.86.07.
• Château de Malbrouck. Ouvert tous les jours sauf les mardis de 10 h à 18 h. Week-end et jours fériés de 10 h à 19 h, tél. 03.82.82.42.92.
• Musée Poincaré de Sampigny. Ouvert tous les jours du 1er mai au 11 novembre de 14 h à 18 h, tél. 03.29.90.70.50.

Les hauts lieux de la foi
• Offices du tourisme de Saint-Nicolas-de-Port (tél. 03.83.45.33.39), de Saint-Mihiel (tél. 03.29.89.06.47), Verdun, Toul, Nancy, Metz.
• Abbaye des Prémontrés, 54700 Pont-à-Mousson, tél. 03.83.81.10.32.

A la source des eaux vives
• Office du tourisme, 57360 Amnéville-les-Thermes, tél. 03.87.70.10.40.
• Office du tourisme, BP 15, 88370 Plombières-les-Bains, tél. 03.29.66.01.30, office du tourisme, BP 4, 88240 Bains-les-Bains, tél. 03.29.36.31.75.
• Maison du tourisme de Vittel, tél. 03.29.08.08.88.
• Etablissement thermal, 116, rue du Shah-de-Perse, 88140 Contrexéville, tél. 03.29.08.03.24.
• Bains-les-Bains, station thermale, station ouverte d'avril à octobre. Station du cœur, des artères et de la rhumatologie. Thermes : tél. 03.29.36.32.04 - fax. 03.29.36.30.08. Office de Tourisme : tél. 03.29.36.31.75 - fax : 03.29.36.23.24

Champs de bataille de la Grande Guerre
• Office du tourisme de Verdun, Place de la Nation, 55106 Verdun Cedex, tél. 03.29.86.14.18.

Forteresses de Vauban à Maginot
• Office du tourisme du Pays de Montmédy, tél. 03.29.80.15.90.
• Citadelle de Bitche, tél. 03.87.06.16.16.
• Fort du Simserhof à Siersthal, tél. 03.87.06.16.16.
• Fort du Hackenberg à Vekring, tél. 03.82.82.30.08.
• Fort de Fermont, tél. 03.82.39.35.34.
• La Citadelle, 8, rue du Fort, 54840 Villey-le-Sec, tél. 03.83.63.68.46.

Métiers d'artistes
• Office du tourisme, 40, avenue du Général-Leclerc, Mirecourt, tél. 03.29.37.01.01.
• Office du tourisme, 11, rue du Maire Massing, 57200 Sarguemines, tél. 03.87.98.80.81.
• Saint-Jean-l'Aigle, château de la Faïencerie, 54440 Herserange/Longwy, tél. 03.82.24.58.20.
• Route du Cristal, informations au CRT de Lorraine.

• Musée du Textile, 8, Chemin de la Vieille-Route, col d'Oderen, 88310 Ventron, tél. 03.29.24.23.06.

La reine mirabelle
• Pâtisserie Nicolas, 3, rue de Metz, 55400 Etain, tél. 03.29.87.07.65
• Pâtisserie Jean, place d'Armes, 57000 Metz, tél. 03.87.75.39.90.
• Distillerie de Mirabelle à Vezon, M. Maucourt, tél. 03.87.52.80.72.
• Girardin-Defrance, céréalier-distillateur, Burlioncourt, 57170 Château-Salins, tél. 03.87.86.60.84.

L'âge d'or de la bière
• Taverne du Brasseur, rue du Bois-de-Coulanges, 57360 Amnéville, tél. 03.87.70.11.77.
• La Route lorraine de la bière, rue de la Citadelle, 55700 Stenay, tél. 03.29.80.68.78.
• Musée européen de la bière, 55700 Stenay, tél. 03.29.80.68.78
• Brasseries Kronenbourg, 2, rue Gabriel-Bour, 54250 Champigneulles, tél. 03.83.39.50.37.

La route du vin
• A. et R. Lelièvre, viticulteurs, 3, rue de la Gare, 54200 Lucey, tél. 03.83.63.81.36.
• Maison lorraine de la Polyculture, 94, Grande-Rue, 54200 Lucey, tél. 03.83.63.85.21.
• Musée du vin à Contz-les-Bains en Mozelle

Au plaisir du palais
• Confiture Dutriez, 35, rue de l'Etoile, 55000 Bar-le-Duc, tél. 03.29.79.06.81.
• Dragées Braquier, 50, rue du Fort-de-Vaux, 55101 Verdun, tél. 03.29.84.30.00.
• Maison des Sœurs Macarons, 21, rue Gambetta, 54000 Nancy, tél. 03.83.32.24.25.
• Lalonde, 59, rue Saint-Dizier, 54000 Nancy, tél. 03.83.35.31.57.

Petits plats des grandes tables
• Restaurant du Pont-Saint-Marcel, 1-3, rue du Pont-Saint-Marcel, 57000 Metz, tél. 03.87.31.10.10.
• Ferme-Auberge Chantereine, 57130 Verneville, tél. 03.87.61.87.88.
• Auberge du Pressoir, rue des Pachenottes, 54200 Lucey, tél. 03.83.63.81.91.

LA BIÈRE
EN LORRAINE

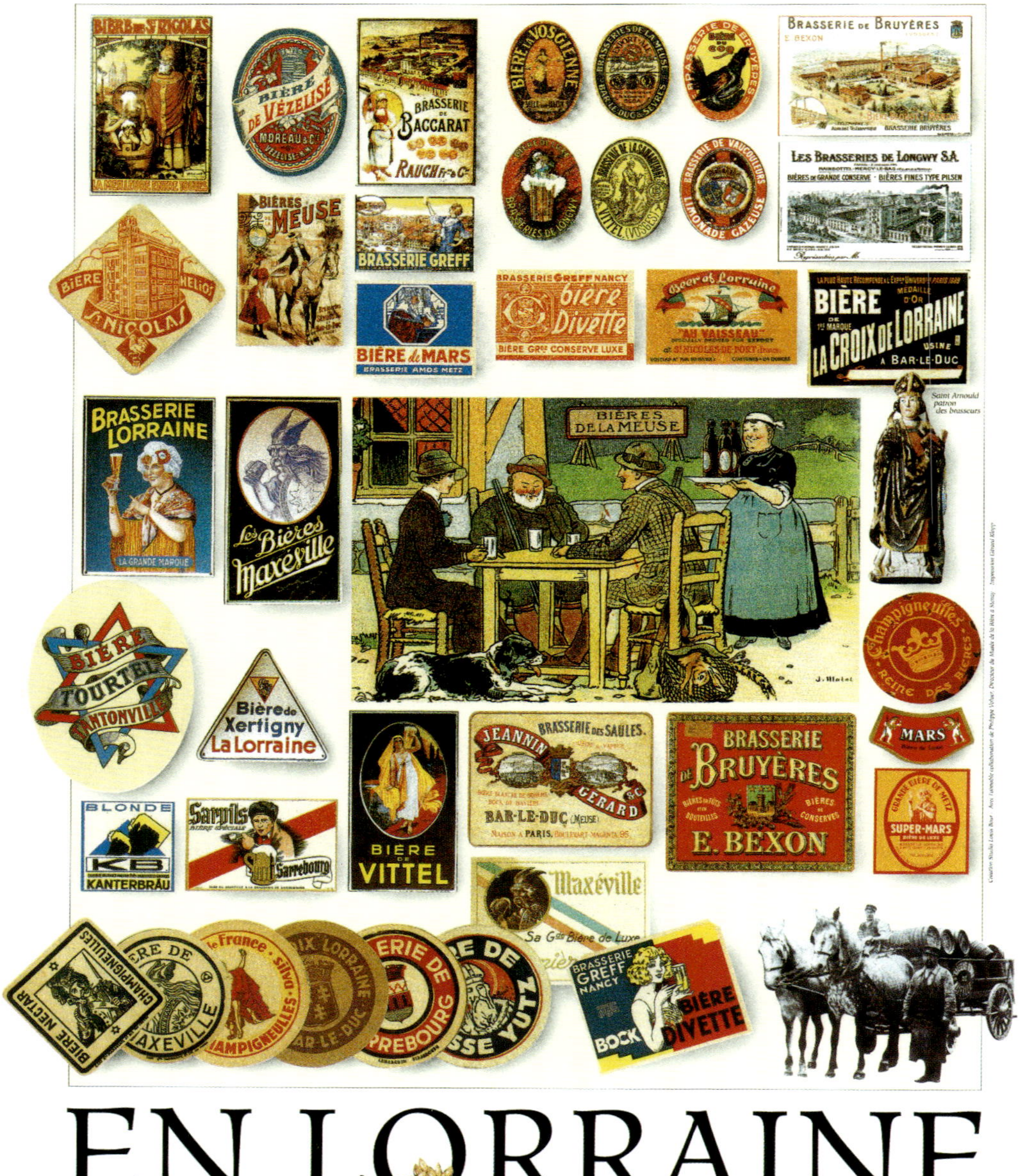

Depuis plus de dix mille ans les hommes boivent de la bière ! C'est à l'époque des invasions romaines que nous avons une idée de l'importance des brasseurs

gaulois et surtout lorrains. La bière était alors une boisson à base d'eau, de céréales et de plantes. De fabrication assez simple, elle pouvait être élaborée

dans chaque foyer par la maîtresse de maison. Une fabrication "industrielle" existait également, surtout dans les grands centres urbains.

Jusqu'au 19e siècle, on utilisera le brassage par infusion, à la main. On pratique aujourd'hui le brassage par décoction dit "houvons" et la fermentation basse

mis au point en 1840 en Bavière et en Autriche. Sous le haut patronage de Saint Arnould évêque de Metz au 7e siècle la brasserie lorraine atteint son apogée en 1900 avec

quelques 150 brasseries. Il n'en reste que trois aujourd'hui ! Témoins de ce riche passé, les sous bocks, les affiches, les plaques émaillées, les bouteilles, les verres,

les étiquettes, les enseignes, nous rappellent à travers une iconographie savoureuse, les grands moments de la bière et des traditions en Lorraine.

 COMITE REGIONAL DU TOURISME

AVEC L'AIMABLE COLLABORATION DE LA MAISON DE LA CULTURE DE METZ ET LE SOUTIEN DU Crédit Mutuel

Bibliographie

Les livres

La Colline inspirée, Maurice Barrès, Editions du Rocher.
Anthologie des écrivains du Comité Erckmann-Chatrian, Marchal, Verdun (1964).
La Lorraine, Christine Bonneton éditeur.
Histoire de la Lorraine, Jean Vartier, France-Empire.
Encyclopédie illustrée de la Lorraine, Editions Serpenoise.
Contes et légendes de Lorraine, Nicole Lazzarini, Editions Ouest-France.
La Cuisine lorraine, Jean-Marie Cuny.
La Demi-Sœur, Ernst-Moritz Mungenast, Editions Serpenoise.
Meilleures recettes de Lorraine, Jacqueline et Olivier Haye, Editions Ouest-France.
La Légende de saint Nicolas, Marie-José Strich, Editions Ouest-France.

Les revues

La Fédération des revues régionales et culturelles de Lorraine (Conseil régional)
assure la promotion des revues consacrées à la recherche et à la promotion
de l'Histoire, du patrimoine ou de l'environnement lorrain.

Remerciements

L'auteur remercie pour leur aide précieuse
Mme *Laurence Flayeux*, directrice du Comité Régional du Tourisme de Lorraine,
Et pour leur concours amical
Les Offices de Tourisme de la Meurthe-et-Moselle, de la Meuse, de la Moselle
et des Vosges

Les Editions Ouest-France remercient également
le ***Conseil régional de Lorraine****,*
la *Cristallerie de Saint-Louis*, la *Fondation Lyautey*, Père *Jean Goulard*,
le docteur *Gérard Kopf*, les *Musées de la Cour d'Or* à Metz, l'*Office de Tourisme
de Bar-le-Duc*, Mme *Monique Sclaresky*,
ainsi que le *Musée Lorrain* pour son efficacité et sa gentillesse,
et tout particulièrement, M. *Jean-Marie Cuny*, Librairie Lorraine, 93, Grande-Rue,
54000 Nancy et mademoiselle *Nicole Lazzarini*, chargée de mission du Conseil
régional de Lorraine pour leur précieuse collaboration dans le cadre de la
recherche iconographique de cet ouvrage.

Toutes les cartes postales font partie de la collection de Mme Monique Sclaresky, exceptée
p. 75 : coll. Père Jean Goulard.

Informations culturelles et pratiques

Manifestations en Lorraine

Janvier – Février

• Carnaval de Sarreguemines - 57
Les bals et la cavalcade pour le carnaval le plus fou de France !
Sarreguemines
Février
Tél. OT : 03 87 98 80 81
www.carnavaldesarreguemines
.com

• Festival du film fantastique « Fantastic'Art » - 88
Un festival qui fait sursauter de peur les plus aguerris. Chaque année une thématique, des films d'auteurs et du cinéma indépendant.
Gérardmer
Fin janvier
Tél. OT : 03 29 27 27 27
www.gerardmer-fantasticart.com

• Foire aux andouilles - 88
Autrefois, chaque ferme ajolaise fabriquait ses andouilles qui séchaient tout l'hiver dans l'âtre. La grande foire au bétail était l'occasion d'avaler les dernières avant le carême, aujourd'hui elle attire

pendant trois jours des dizaines de milliers de personnes.
Le Val d'Ajol
Troisième lundi de février
Tél. : 03 29 30 66 69

©Photo Marianne
Foire aux andouilles.

Mars – Avril

• Féerie Vénitienne - 88
Depuis 1996, le carnaval vénitien anime la ville dans une ambiance où la grâce et la beauté sont de rigueur.
Remiremont
Mars
Tél. OT : 03 29 62 23 70
www.carnavalvenitienderemire
mont.com

• Week-end carnavalesque - 88
Grand corso carnavalesque avec chars, musiques, groupes costumés. Bal costumé le soir avec orchestre.

Vittel
Deuxième week-end de mars
Tél. : 03 29 08 37 37

• Festival « Mir redde Platt » - 57
Expositions, spectacles, concerts, animations pour valoriser la langue francique et les langues de France.
Sarreguemines
Fin mars, début avril
Tél. OT : 03 87 98 80 81
http://mirreddeplatt.sarregue
mines.fr

• Jazz à Commercy - 55
Festival de jazz contemporain où les artistes de la région côtoient des pointures du jazz actuel.
Commercy
Fin mars et avril
Tél. : 03 29 91 02 11

©Jazz à commercy /Philippe shwartz.

Page de gauche :
La Nature en Fête.

marché régional de la truffe.
Pont-à-Mousson, abbaye des
Prémontrés
Deux jours mi-novembre
Tél. : 03 83 81 10 32
www.abbaye-premontres.com

• Muzeray le village de la crèche - 55

300 crèches du monde
pérennisent l'événement de
Muzeray, village des crèches.
Différentes thématiques sont
développées et plus
particulièrement les crèches des
5 continents de 50 pays
différents, dans un décor
magique et féerique.
Muzeray
Tous les deux ans, prochaine
édition, décembre 2008

Tél. : 03 29 85 93 75
www.museedelacreche
.monsite.orange.fr

• Marche aux flambeaux - 57

Montée du rocher de Dabo
à la lueur des flambeaux.
Dabo, place de l'Eglise
Première semaine de
décembre
Tél. OT : 03 87 07 47 51
www.ot-dabo.fr

• Fête Régionale du Foie Gras - 57

Produits d'éleveurs et
producteurs d'Alsace et de
Lorraine.
Phalsbourg
Deuxième et troisième
semaines de décembre

© Crédit photo : J.-Cl. Kanny - collection CDT Moselle

Fête Régionale du Foie Gras.

Tél. OT : 03 87 24 42 42
www.phalsbourg.com

• Les Instants de Noël - 57

Féerie dans le château pour
petits et grands.
Château de Malbrouck à
Manderen
Fin novembre et décembre
Tél. : 03 82 82 42 92
www.chateau-malbrouck.com

Fêtes et défilés de la Saint-Nicolas

Saint Nicolas, patron de la
Lorraine, protecteur des
enfants, des voyageurs, des
navigateurs, des prisonniers
et... des jeunes filles qui
veulent se marier !

SAINT-NICOLAS-DE-PORT (54) :

procession aux flambeaux
dans la basilique.
Tél. OT : 03 83 48 58 75

NANCY (54) :

défilé de la Saint-Nicolas.
Tél. OT : 03 83 35 22 41
www.ot-nancy.fr

CHÂTEAU DE THILLOMBOIS (55) :

exposition, conférences,
marché de Saint-Nicolas,
ateliers et spectacles pour les
enfants et feu d'artifice.
Dernier week-end de
novembre. Tél. : 03 29 84 50 00

www.connaissancedelameuse
.com

METZ (57) :

défilé de la Saint-Nicolas.
Tél. : 03 87 55 53 47
www.mairie-metz.fr

SAINT-DIÉ-DES-VOSGES (88) : gugga-musik et défilé

de chars sur un thème.
Tél. OT : 03 29 42 22 22

• Epinal (88) :

premier samedi de décembre,
jeux scéniques puis cortège et
défilé de chars.
Tél. OT : 03 29 82 53 32

Les Marchés de Noël

De fin novembre à fin
décembre, des chalets aux
milles trésors, artisanat,
gastronomie...

NANCY (54) :

Tél. OT : 03 83 35 22 41
www.ot-nancy.fr

METZ (57) :

sur les places du centre-ville
de la fin novembre à la fin
décembre.
Tél. : 03 87 75 39 35
www.metzlacommercante.com

PLOMBIÈRES-LES-BAINS (88) : le Marché de Noël

d'Autrefois est exceptionnel
avec des décors, des personnages créés par des bénévoles
pour illustrer les contes et
légendes d'autrefois.
Tél. OT : 03 29 30 61 55

Aller sur le site
www.vosgesmeridionales.com
Code d'accès VM488 il y a une
belle photo de pingouins et de
décor faite par le directeur de
l'OT, il est libre de droits.

Quelques lieux à visiter en Lorraine

Meurthe-et-Moselle – 54

BACCARAT
**• Musée du Cristal
et le magasin de vente**
La fabrication, les composants
la taille du cristal et bien sûr
des pièces de collection
(20, rue des Cristalleries.
Tél. : 03 83 76 61 37
www.baccarat.fr).

DENEUVRE
• Les Sources d'Hercule
Reconstitution des bassins du
sanctuaire des sources d'Hercule
entourés des ex-voto offerts par
les pèlerins (1, place Jean-Marie-
Keyser. Tél. : 03 83 75 22 82
www.museehercule.com).

FLÉVILLE-DEVANT-NANCY
• Château de Fléville
Chef-d'œuvre de la
Renaissance avec une salle des
blasons des ducs de Lorraine,
la chambre de Stanislas, des
pièces à l'atmosphère
intimiste. Parc romantique
classé. (Tél. : 03 83 25 64 71
www.fleville.com).

HAROUÉ
• Château d'Haroué
Château représentatif du
raffinement de l'art français au
xviiie, au moment de l'âge d'or
de la Lorraine. Construit par
Boffrand, on peut y voir le
mobilier royal de Louis XVIII,
un salon chinois, etc.
(Tél. : 03 83 52 40 14
www.chateaudeharoue.com).

LONGUYON
**• Ouvrage de Fermont
et de la ligne Maginot**
Comprendre la ligne Maginot

et son organisation. Visite des
installations souterraines et
des blocs de combats en
surface qui portent encore les
traces de la dernière guerre
(9, rue Albert-Lebrun.
Tél. : 03 82 39 35 34).

LONGWY
**• Musée Municipal
des Emaux et Faïences**
Présentation de faïences et
d'émaux des xixe et xxe siècles
et la plus grande collection
au monde de fers à repasser
(rue de la Manutention.
Tél. : 03 82 23 85 19
www.mairie-longwy.fr).

LUNÉVILLE
• A voir : le **château**(xviiie)
construit par Boffrand pour
le duc de Lorraine Léopold,
et le **Parc des Bosquets**
(Tél. : 03 83 74 04 55) et le
**Conservatoire des Broderies
de Lunéville** exposant des
robes de 1850 à nos jours avec
des exemples de broderie
perlée et pailletée et du
fameux « point de Lunéville ».
(Tél. : 03 83 73 56 86
www.broderie-luneville.com).
Tél. : OT : 03 83 74 06 55

NANCY
• A voir : la **ville** avec ses
hôtels particuliers du xviiie
et Art nouveau, la **place
Stanislas** bordée des grilles
en fer forgé réalisées par
Jean Lamour.
Le musée des Beaux-Arts
où l'on peut voir les vestiges
des fortifications (xve-xviie),
une très belle collection de
verreries Daum, un important
département de peintures et
de sculptures (3, place

Stanislas. Tél. : 03 83 85 30 72
www.mairie-nancy.fr).
**Le musée de l'Ecole de
Nancy**, un lieu étonnant par
son décor et son ambiance, qui
présente les œuvres des
artistes de l'école de Nancy,
Gallé, Daum, Majorelle,
Gruber... (36/38, rue
du Sergent-Blandan
Tél. : 03 83 40 14 86
www.nancy.fr).
Le Musée lorrain présente
des collections archéologiques
et médiévales, des toiles de
Georges de La Tour, des
gravures de Jacques Callot,
de nombreux objets d'art
populaire (64, Grande-Rue.
Tél. : 03 83 32 18 74
www.nancy.fr).

PONT-À-MOUSSON
• A voir : l'**abbaye des
Prémontrés** (xviiie), l'une des
plus importantes de Lorraine
avec un parc de 2,5 ha le long
de la Moselle (9, rue Saint-
Martin. Tél. : 03 83 81 10 32
www.abbaye-premontres.com).
Le **musée « Au Fil du
Papier »** avec une collection
unique d'objets et de mobilier
en papier mâché et une salle
consacrée aux fonderies
(13, rue Magot-de-Rogéville.
Tél. : 03 83 87 80 14). Le
**Parc naturel régional de
Lorraine** (logis abbatial des
Prémontrés, rue du Quai.
Tél. : 03 83 81 67 67
www.pnr-lorraine.com).
Les Brasseurs de Lorraine
(3, rue du Bois-le-Prêtre.
Tél. : 03 83 80 02 64
www.brasseurs-lorraine.com).

XXᵉ siècles. D'anciens mineurs vous guident dans les galeries. Exposition et film d'archive. (Tél. : 03 82 85 76 55 www.musee-minesdefer-lorraine.com).

PETITE-ROSSELLE
• La Mine - Musée du Carreau Wendel
Dans l'ancienne mine de charbon, le musée retrace l'univers des mineurs. Un petit train et des images en trois dimensions vous feront découvrir de façon étonnante ce monde souterrain. (Tél. : 03 87 87 08 54 www.carreau-wendel.com).

RHODES
• Parc animalier de Saint-Croix
1 200 animaux de la faune européenne sur 120 ha : loups, cerfs, lynx, ours… (Tél. : 03 87 03 92 05 www.parcsaintecroix.com).

SAINT-AVOLD
• Le Cimetière Américain
Le plus grand en Europe, il renferme les sépultures de 10 489 soldats. (Tél. OT : 03 87 91 30 19 www.tourisme.fr).

SAINT-LOUIS-ARZVILLER
• Le Plan incliné
Un ascenseur à bateaux pour franchir en 15 minutes un dénivelé de 44,5 m sur un parcours de 108 m ! Il remplace les 17 écluses qui nécessitaient une journée de navigation. (Tél. : 03 87 25 30 69 www.plan-incline.com).

SAINT-LOUIS-LÈS-BITCHE
• Cristallerie de Saint-Louis
Manufacture royale de cristal,

faisant partie du groupe Hermès. Le musée est constitué d'une étagère de 953 m qui s'enroule autour des fondations d'un ancien four à pots. Elle est ponctuée de 20 stations qui mettent en exergue les produits emblématiques de Saint-Louis et expliquent leur mode fabrication par une vidéo. (Tél. : 03 87 06 40 04).

SARREBOURG
• A voir : la **chapelle des Cordeliers** avec un vitrail monumental de Marc Chagall intitulé « La Paix » (Tél. OT : 03 87 03 11 82). Le **musée du Pays de Sarrebourg**, dans une architecture contemporaine, présente des objets archéologiques, des faïences et porcelaines de Niderviller et la tapisserie « La Paix » de Marc Chagall (rue de la Paix. Tél. : 03 87 08 08 68 www.musee-du-pays-de-sarrebourg.com).

SARREGUEMINES
• A voir : **le musée de la Faïence**, un jardin d'hiver entièrement réalisée en carreaux de faïence et une salle présentant des pièces de collection (Tél. : 03 87 98 93 50) et **le Musée des Techniques faïencières ou Moulin de la Blies** avec l'explication des processus de fabrication (Tél. : 03 87 98 28 87). Il existe aussi un **circuit de la faïence** dont le plan est disponible à l'OT. www.sarreguemines-museum.com

SIERCK-LES-BAINS
• Château des ducs de Lorraine
Sur un promontoire rocheux,

cette forteresse du XIᵉ siècle, détruite et remaniée, fut la résidence favorite des ducs de Lorraine. Très beau panorama sur la Moselle. (Tél. : 03 82 83 67 97 www.chateau-sierck.com).

LE LÉGERET (COMMUNE DE SIERSTHAL)
• Ouvrage de Simserhof
Quatrième ouvrage le plus important de la ligne Maginot. Visite des espaces de vie, de la salle des machines, de l'infirmerie… Parcours cinématographique et scénographique à bord de véhicules à 30 m sous terre (rue André-Maginot. Tél. : 03 87 96 39 40 www.simserhof.fr).

VECKRING
• Ouvrage du Hackenberg
Le plus important ouvrage de la ligne Maginot avec 10 km de galeries, 19 blocs de combats. Dans le train électrique d'origine, visite des installations. Circuit pédestre à l'extérieur. (Tél. : 03 82 82 30 08 www.maginot-hackenberg.com).

VIC-SUR-SEILLE
• Musée Départemental Georges-de-La Tour
Les collections de peintures s'articulent autour du « Saint Jean-Baptiste dans le désert » de Georges de La Tour et de la peinture française du XVIIᵉ (place Jeanne-d'Arc. Tél. : 03 87 05 98 30 www.cg57.fr).

VOLMUNSTER
• Le Moulin d'Eschviller
Un musée sur l'histoire de la technique meunière. Un autre espace consacré à la « scierie pédagogique ». Un sentier

pédagogique nature et patrimoine. (Tél. : 03 87 96 76 40 www.moulindeschviller.fr).

Vosges – 88

BAN-DE-SAPT
• **Jardin de Callunes**
3 ha de parc avec dans le jardin botanique une collection de rhododendrons, d'azalées, de vivaces, de bruyères et de plantes de zones humides. (Tél. : 03 29 58 94 94 www.jardins-callunes.com).

BRUYÈRES
• **Musée des Arts Populaires Lorrains**
Meubles, objets en bois, broderies, dentelles, faïences, espace Jean Lurçat… (Tél. : 03 29 50 52 52 www.ville-bruyeres.fr).

CHÂTEL-SUR-MOSELLE
• **Forteresse de Châtel-sur-Moselle**
L'un des plus grands châteaux forts d'Europe (XIᵉ-XIIIᵉ et XVᵉ siècles) juché sur un promontoire au-dessus de la Moselle. (Tél. : 03 29 67 14 18 www.assoc.wanadoo.fr/chatel-medieval).

DOMRÉMY-LA-PUCELLE
• A voir : la **maison natale de Jeanne d'Arc et le Centre Johannique** (rue de la Basilique. Tél. : 03 29 06 95 86 www.vosges.fr), **l'église du Baptême de Jeanne** (XIVᵉ) et la **basilique du Bois Chenu** construite au XIXᵉ siècle.

EPINAL
• A voir : la **vieille ville** et la **basilique Saint-Maurice** (XIᵉ-XIIIᵉ). **La Cité de l'Image** comprenant L'Imagerie d'Epinal

(42 bis, quai de Dogneville Tél. : 03 29 31 28 88 www.imagerie-epinal.com) et le musée de l'Image (Tél. : 03 29 81 48 30) pour découvrir l'histoire, la fabrication et le monde merveilleux des images. **Le Musée départemental d'art ancien et contemporain** comprenant des sections, de peintures anciennes avec une œuvre de Georges de La Tour, d'Archéologie, Moyen Age et Renaissance, d'arts et traditions populaires, enfin d'art contemporain (place Lagarde. Tél. : 03 29 82 20 33 www.vosges.fr).

GÉRARDMER
• **Lac de Gérardmer**
Base de loisirs nautiques et sentier pédestre du tour du lac (Tél. OT : 03 29 27 27 27 www.gerardmer.net).

GRAND
• **L'amphithéâtre**
Grand sanctuaire gallo-romain datant de 80 apr. J.-C. avec un amphithéâtre de 148 m, une mosaïque de 224 m², la plus grande connue en Europe, un rempart et un sanctuaire au cœur duquel jaillissait une source. (Tél. 03 29 06 77 37).

MIRECOURT
• A voir : la **Maison de la Dentelle**, pour découvrir la dentelle au fuseau (1 bis, rue Chantaire. Tél. : 03 29 37 39 59 http://mirecourt.free.fr), **la Maison de la Musique Mécanique**, une des plus belles collections d'instruments, tous en état de marche (24, rue Chanzy. Tél. : 03 29 37 51 13 www.ville-mirecourt.fr) et bien sûr, Mirecourt étant la capitale de la lutherie, le **musée de la**

Lutherie et de l'Archeterie pour tout savoir sur ces métiers (cours Stanislas. Tél. : 03 29 37 81 59 www.ville-mirecourt.fr).

MONTHUREUX-SUR-SAÔNE
• Eglise Saint-Michel. Des XIIᵉ-XIVᵉ siècles, elle renferme une belle mise au tombeau de la fin XVᵉ.

SAINT-DIÉ
• A voir : **la cathédrale** avec un ensemble de vitraux modernes créés par des artistes autour de Jean Bazaine, l'**église Notre-Dame de Galilée** du XIIᵉ, représentative de l'architecture romane en Lorraine du Sud, le **cloître gothique** des XVᵉ et XVIᵉ, enfin l'**ancien Palais épiscopal** dont la façade de 1780 cache le musée Pierre-Noël, qui possède des sections ornithologie, vieux métiers, beaux-arts et arts décoratifs, des maquettes de Le Corbusier… (place Georges-Trimouille. Tél. : 03 29 51 60 35). Tél. OT : 03 29 42 22 22 www.ville-saintdie.fr

LE THILLOT
• **Les Hautes-Mynes**
Les mines de cuivre des ducs de Lorraine. Un parcours dans l'ancienne mine où il faut prévoir des bonnes chaussures et des salles d'exposition présentant du matériel des outils des vidéos (47, rue de la Gare. Tél. : 03 29 25 03 33 http://hautes.mynes.free.fr).

XONRUPT-LONGEMER
• **Jardin d'altitude du Haut-Chitelet**
Un des plus riches jardins alpins de France avec

2 500 espèces provenant des principales régions montagneuses du monde. (Tél. : 03 29 63 31 46 www.cjbn.uhp-nancy.fr).

LA ROUTE DES 3 ABBAYES
• Trois abbayes en grès rouge : **Etival-Clairfontaine** dont la construction s'étale de l'époque romane au XVIIIe siècle et restaurée au XXe, **Moyenmoutier**, seule église baroque de Lorraine, avec des stalles du XVIIe, **Senones** (XVIIIe) avec un escalier d'honneur en grès rose orné d'une grille en fer forgé provenant des ateliers Jean Lamour à Nancy. (Tél. OT : 03 29 57 91 03 www.paysdesabbayes.com).

LA ROUTE DE CRÊTES
• Elle présente des panoramas fantastiques sur la fameuse Ligne Bleue des Vosges. On peut voir aussi des chamois, le lac Blanc, le lac Noir, le lac Vert et le jardin d'altitude du Haut-Chitelet. Maison du Parc à Munster : 03 89 77 90 34

LA ROUTE DES LACS
• Elle vous mènera à travers la forêt vosgienne vers le lac de Gérardmer (600 m d'altitude), le lac de Longemer (737 m d'altitude), le lac de Retournemer (780 m d'altitude) et le lac des Corbeaux (900 m d'altitude).

LE PARC NATUREL DES BALLONS DES VOSGES
• Ses 3 000 km² offrent une surprenante variété de milieux et de paysages : hautes-chaumes, cirques glaciaires, tourbières, lacs et « ballons » dont le Grand Ballon culminant à 1 424 m et le Ballon d'Alsace remarquable pour sa biodiversité et classé Grand Site National. (Tél. : 03 89 77 90 34 www.parc-ballons-vosges.fr).

Les principales stations de ski vosgiennes
Pour faire du ski de piste, du ski nordique, des randonnées en raquettes, un site d'informations générales, www.vosges-lorraines.com, et des stations :
• **La Bresse** : la plus importante station de sports d'hiver du nord-est de la France avec Le Hohneck qui culmine à 1 363 m d'altitude. Tél. OT : 03 29 25 41 29
• **Xonrupt-Longemer** : petite station familiale dans la vallée des Lacs dont l'altitude la plus haute est de 1 306 m sur la route des Crêtes. Tél. OT : 03 29 27 27 27
• **Gérardmer** : vingt pistes reliées sur 40 km avec la plus longue des Vosges qui mesure 4 km ! Altitude maximum, 1 150 m. Tél. OT : 03 29 27 27 27
• **Ventron** : situé à deux pas de l'Alsace. Altitude maximum, 1 110 m. Tél. : 03 29 24 07 02

Le thermalisme en Lorraine
• **Amneville-les-Thermes - 57**
Les sources Saint-Eloy et Saint-Nicolas, qui jaillissent à une température de 41 °C et proviennent d'une nappe située à 900 m de profondeur, soignent les rhumatismes inflammatoires, les séquelles de fractures et les voies respiratoires. Un centre de cure, le **Centre thermal Saint-Eloy** (Tél. : 03 87 70 19 09 www.polethermal.com) et deux établissements de remises en forme, la **Villa Pompéi** (Tél. : 03 87 70 99 20 www.villapompei.com) et **Thermapolis** (Tél. : 03 87 71 83 50 www.thermapolis.com). Tél. OT : 03 87 70 10 40

• Bains-les-Bains - 88
La station thermale est réputée pour le traitement des maladies cardio-vasculaires et rhumatismales. Un centre de cure et de remise en forme : le **Bain de la Promenade** (Tél. : 03 29 36 32 04 www.ot-bains-les-bains.fr). A faire l'été, la **Manufacture Royale de Fer-Blanc** avec son **arboretum** (Tél. : 03 29 31 32 87 www.bainsmanufactureroyale. eu), et la plus grande voie verte le long du sentier de hallage du canal l'Est (80 km). Tél. OT : 03 29 36 31 75

• Contrexéville - 88
On y retrouve bien-être et minceur, on y soigne aussi les problèmes digestifs et urinaires. A découvrir le **parc thermal** et la **Galerie** de style gréco-romain, le **site des lacs**, la **chapelle orthodoxe** et le **Pavillons des Sources**. Pour une remise en forme : **l'Etablissement thermal de Contrexéville** (Tél. : 03 29 08 03 24 www.thermes-contrexeville.com). Tél. OT : 03 29 08 08 68 www.contrex-minceur.com

• Vittel - 88
A voir : les **façades Belle Epoque**, le **parc thermal** de 600 ha entièrement fleuri, **les Jardins de la Terre** et l'exposition **« L'eau et la Vie »**. Un centre de remise en forme : Les Thermes de Vittel (Tél. : 03 29 08 76 54 www.thermes-vittel.com).

Tél. OT : 03 29 08 08 88
www.vitteltourisme.com

• **Plombières-les-Bains - 88**
27 sources chaudes jaillissent
entre 57 et 84 °C pour soigner
l'appareil digestif, maladie de
Crohn, les rhumatismes…

Connues dès le IIe siècle, elles
virent passer Voltaire, Stanislas
Leszczynski, Napoléon III…
Deux centres de cure : **les
Bains Impériaux** et les
Thermes Napoléon et un
centre forme et santé
« Calodaé » (Tél. : 03 29 30 07 30

www.plombieres-les-
bains.com). A visiter avec
l'OT : la **ville historique**, le
patrimoine thermal (sources,
étuve romaine…) et les
jardins en terrasse qui
surplombent la ville.
Tél. OT : 03 29 66 01 30

Informations touristiques

Principaux Offices de Tourisme

MEURTHE-ET-MOSELLE (54)

OT de Baccarat
2, rue Adrien-Michaut
54120 Baccarat
Tél. : 03 83 75 13 37
Fax : 03 83 75 36 76
tourisme@ville-baccarat.fr
www.ot-baccarat.fr

OT du Pays de Longwy
Place Darche
54400 Longwy
Tél. : 03 82 24 94 54
Fax : 03 82 24 77 75
ot-longwy@wanadoo.fr
www.ot-paysdelongwy.com

OT du Lunévillois
Aile Sud du château
54300 Lunéville
Tél. : 03 83 74 06 55
Fax : 03 83 73 57 95
ot.lunevillois@wanadoo.fr
www.ot-lunevillois.com

OT de Nancy
Place Stanislas
BP 810
54000 Nancy
Tél. : 03 83 35 22 41
Fax : 03 83 35 90 10
tourisme@ot-nancy.fr
www.ot-nancy.fr

OT du Pays du Saintois
3, rue Notre-Dame
54330 Saxon-Sion
Tél. : 03 83 25 14 85
Fax : 03 83 25 21 24
pays-saintois@wanadoo.fr

OT de Pont-à-Mousson
52, place Duroc
54700 Pont-à-Mousson
Tél. : 03 83 81 06 90
Fax : 03 83 82 45 84
tourismepontamousson
@wanadoo.fr
www.ville-pont-a-mousson.fr

OT de Saint-Nicolas-de-Port
Place Camille-Croué-Friedmann
54210 Saint-Nicolas-de-Port
Tél. : 03 83 48 58 75
Fax : 03 83 73 57 95
ot.stnicolas@orange.fr
www.ot-lunevillois.com

OT de Toul
Parvis de la Cathédrale,
BP 90084 - 54204 Toul Cedex
Tél. : 03 83 64 11 69
Fax : 03 83 63 24 37
office.tourisme.toul@wanadoo.fr
www.ot-toul.fr

MEUSE (55)

OT de Bar-le-Duc et de sa région
7, rue Jeanne-d'Arc
55000 Bar-le-Duc

Tél. : 03 29 79 11 13
Fax : 03 29 79 21 95
barleduc.tourisme@wanadoo.fr
www.tourisme-barleduc.com

OT du Canton de Vaucouleurs
15, rue Jeanne-d'Arc
55140 Vaucouleurs
Tél. : 03 29 89 51 82
o.t.s.icanton-
vaucouleurs@wanadoo.fr
www.otsi-vaucouleurs.com

OT du Pays de Commercy
Château Stanislas
55200 Commercy
Tél. : 03 29 91 33 16
Fax : 03 29 91 75 87
ot.commercy@wanadoo.fr
www.commercy.org

OT du Pays d'Etain
31, rue Raymond-Poincaré
55400 Etain
Tél. et Fax : 03 29 87 20 80
otsi.etain@tele2.fr

OT de Saint-Mihiel
Rue du Palais-de-Justice BP 69
55300 Saint-Mihiel
Tél. et Fax : 03 29 89 06 47
otsi.saint-mihiel@wanadoo.fr

OT du Pays de Stenay
5, place Raymond-Poincaré
55700 Stenay
Tél. : 03 29 80 64 22
Fax : 03 29 80 62 59
otsistenay@wanadoo.fr
www.stenay.com

Table des matières

L'empire du milieu 7
    La règle de trois 8
    Pays du fer et des « gueules noires » 10

Sur les chemins de la nature 13
    Le Parc naturel régional de Lorraine 14
    Le Parc naturel régional des Ballons des Vosges 15
    Le Parc naturel régional des Vosges du Nord 16

Les riches heures de Stanislas le Magnifique 21
    La Cour de Lunéville 22
    Les jardins de Gerbéviller 23
    Visite à Fléville-devant-Nancy 24
    Les délices du château d'Haroué 26
    Les grandes chasses de Commercy 27
    L'itinéraire de Nancy 28
    Les eaux de Plombières-les-Bains 30
    Le haras de Rosières-aux-Salines 31
    Les merveilles du siècle d'or 32

Les quatre capitales 35
    Bar-le-Duc, ville noble 36
    Epinal, sage comme une image 39
    Nancy, la cité aux portes d'or 42
    Metz défend l'Etat 46

Sur la trace des grands hommes 51
    L'univers de sainte Jeanne 52
    La maison du père de l'Europe à Scy-Chazelles 56
    La résidence d'été de Raymond Poincaré
    à Sampigny 57
    Le château de Thorey-Lyautey 57
    La colline où souffle l'esprit 59
    La maison natale de Claude Gellée 60
    Georges de La Tour, le faiseur de lumière 60
    Le château de Malbrouck 61

Les hauts lieux de la foi 63
    Saint-Nicolas-de-Port, le cœur de la Lorraine 64
    Les malheurs des Prémontrés 66
    Les manuscrits sacrés de Saint-Mihiel 67
    Toul, la cité épiscopale 68
    La cathédrale des ducs de Nancy 69

Metz illuminée par la « lanterne du Bon Dieu » 70
Verdun, la cathédrale de mille ans 74
Les pèlerinages de Notre-Dame d'Avioth 74
Le rocher de Dabo 75
Notre-Dame, « Duchesse de Sion » 75

A la source des eaux vives 77
Vittel, cité jardin 78
Contrexéville pétille 79
Les vapeurs de Plombières-les-Bains 81
Bains-les-Bains des Romains 82
Zen à Amnéville-les-Thermes 82

Champs de bataille de la Grande Guerre 85
Verdun, théâtre de l'héroïsme 86
L'Ossuaire de Douaumont 87
La tranchée des Baïonnettes 88
Centre mondial de la paix 88
Les forts de Douaumont et Vaux 89
La Voie sacrée 90
A la mémoire des Américains 92

Forteresses de Vauban à Maginot 95
Vauban, le crayon au son du canon 96
Ligne Maginot, la cuirasse du Nord-Est 98

Métiers d'artistes 101
Sur la route du cristal 101
La céramique dans tous ses états 104

La reine mirabelle 109
Dans toutes les douceurs de la vie 109
Une eau-de-vie de cristal 110

L'âge d'or de la bière 112

La route du vin 114

Au plaisir du palais 116

Petits plats des grandes tables 118

Renseignements pratiques 122

Bibliographie 125

Informations culturelles et pratiques 126

Éditeur : Henri Bancaud
Coordination éditoriale : Caroline Decaudin
Mise en page : Marcel Oger,
Studio graphique des Éditions Ouest-France
Cartographie : Patrick Mérienne
Photogravure : Micro Lynx, Rennes (35)
Impression : Pollina à Luçon (85) - L58901

© 2007, Éditions Ouest-France
Édilarge SA, Rennes
ISBN 978-2-7373-4233-2
Dépôt légal : Mai 2007
N° d'éditeur : 5419.03.1,5.01.12
Imprimé en France
Retrouvez-nous sur www.editionsouestfrance.fr